월급보다
내 사업

사업을 시작하기 전에 반드시 봐야 할 책

월급보다 내 사업

윤태성 지음

누구나 한번은
내 사업을 꿈꾼다!
사업의 A to Z

예비 사업가를 위한
현실적인 **코칭북**

해의시간

월급쟁이라면 누구나
'내 사업'이라는 꿈을 꾼다

당신은 '내 사업'에 관심이 있는가? 지금 이 순간 자신이 사업에 얼마나 관심이 있는지를 알고 싶다면 아래 신문 경제면을 살펴보자. 그리고 이 뉴스가 당신 눈에 어떻게 비치는지 생각해보라.

'우리나라에 치킨 가게가 36,000개 있는데 이는 맥도날드가 전 세계에서 운영하는 매장 개수보다 많다. 자영업자는 600만 명이지만 경제활동인구 대비 자영업자 비율은 27.4퍼센트로 전 세계에서 가장 높다. 한 해에 90만 명이 창업을 하고 80만 명이 문을 닫는다.'

① 뉴스가 전혀 눈에 들어오지 않는다.

② 여러 번 들어서 알고 있었지만 그래도 신경이 쓰인다.

③ 폐업하는 사람이 많기는 해도 성공하는 사람 역시 많다고 생각한다.

④ 내가 치킨 가게 경영자라면 어떻게 해야 할지 상상해본다.

⑤ 성공한 치킨 가게를 찾아다니며 어떤 비법이 있는지 살펴보고 싶다.

⑥ 성공하려면 어떤 요리를 개발하는 게 좋을지 적어본다.

⑦ 치킨 가게든 뭐든 조만간 나도 내 사업을 시작하겠다고 결심한다.

당신의 눈길이 가장 오래 머무는 번호는 몇 번인가? 위의 7단계 중 무엇이 눈에 들어오는지를 보면 사업에 어느 정도 관심이 있는지를 알 수 있다. 이 뉴스에 어떠한 감흥도 느껴지지 않는다면 치킨 가게는커녕 사업에 전혀 관심이 없는 상태이다.

②번이나 ③번에 눈길이 머문다면 당신은 사업에 약간은 관심이 있는 사람이다. 뉴스에 주의를 기울이기는 하나 그래도 현재의 나하고는 크게 상관없는 일이라고 여긴다. 가까운 시기에 당신이 내 사업을 시작할 가능성은 낮다. ④번이나 ⑤번, 직접 경영하는 모습을 상상하고 나서 성공한 가게를 찾아가본다면 내 사업에 상당히 많은 관심이 있는 상태다. 하지만 아직 구체적인

계획은 없다. 뉴스를 보면서 '나라면 어떻게 할까' 생각하는 정도다. 누가 사업에 성공했다는 이야기를 들으면 어떻게 성공했는지가 궁금하다. 내 사업에 대한 안테나를 높이 세우고 있으며 관련 뉴스는 눈여겨본다. ⑥번이나 ⑦번처럼 메뉴도 개발하고 내 사업을 하리라 결심했다면 당신은 조만간 사업을 시작할 가능성이 높다. 당신은 구체적으로 내 사업을 기획하고 있으며 이미 상당한 수준까지 발전시킨 아이템도 가지고 있다.

이 책은 '나도 언젠가는 내 사업을 하고 싶다'고 막연하게 생각하는 사람을 위한 안내서다. 위의 뉴스를 보면서 ②번에서 ⑤번에 눈길이 머무르지만 현재 직장을 잘 다니고 있고 당장 그만둘 처지도 아닌 직장인을 독자로 한다. 몇 년 내로 다니는 회사가 도산하거나 사라질 가능성도 없다. 아직 구체적인 사업 아이템도 없고 별 계획이 없다. 그럼에도 불구하고 '언젠가는 내 사업'을 꿈꾸는 사람이다. 만약 당신이 ⑥번과 ⑦번에 해당한다면 이미 구체적인 사업 계획이 그려진 상태일 테니 창업에 관한 실무를 다루는 서적을 읽고 체계적으로 실행해보기를 권한다.

한 번도 내 사업을 생각해보지 않은 월급쟁이가 있을까? 아마 없을 거다. 단순하게 생각만 하는 단계를 넘어서 언젠가 꼭 내 사업을 하고 싶다고 강렬하게 원하는 월급쟁이가 많다.

20여 년 전 취업 정보지인 〈월간 인턴〉의 조사에 의하면, 직장인 10명 가운데 7명이 내 사업을 하고 싶어 했다. 그 10년 뒤

잡코리아와 비즈몬의 설문에서 월급쟁이의 78퍼센트는 내 사업을 하고 싶다고 답했다. 그 이유는 '직장 생활의 수명이 길지 않아서'가 가장 많았으며 '자아실현을 위해서'가 뒤를 이었다. '노후 준비를 위해서'가 17퍼센트, '경쟁이 치열한 직장 생활이 싫어서'가 14퍼센트, '직장 생활로는 큰돈을 벌 수 없어서'가 11퍼센트였다. 향후 자기 사업을 위해 현재 준비하고 있는 사항을 묻는 질문에서는 '꾸준히 경력을 쌓으면서 내 사업을 준비하고 있다'고 답한 월급쟁이가 40퍼센트로 가장 많았다.

2013년에 잡코리아가 조사한 결과에 의하면, 설문에 참여한 월급쟁이의 81퍼센트가 내 사업을 하고 싶다고 답했다. 20년 간 내 사업을 하고자 하는 직장인들은 꾸준히 늘어난 것이다. 내 사업을 준비하는 이유로는 역시 '직장 생활의 수명이 길지 않아서'가 43퍼센트로 가장 많았다. 다음으로는 '노후 준비를 위해서', '직장 생활로는 큰돈을 벌 수 없어서', '자아실현을 위해서', '치열한 직장 생활이 맞지 않아서'가 이어졌다. 2007년 조사와 비교해 보면 자아실현을 위해서 내 사업을 하고 싶다는 사람은 26퍼센트에서 10퍼센트로 줄었으며 직장 생활의 수명이 길지 않기 때문이라고 답한 사람은 28퍼센트에서 43퍼센트로 늘어났다. 현재 다니고 있는 직장에 대한 불안감이 커지면서 대안으로 내 사업을 생각하는 월급쟁이가 늘어났다는 방증이다. 직장 생활이 그만큼 더 힘들어졌다는 현실을 나타내는 수치이기도 하다. 내 사업을 하고 싶다고 답한 사람의 38퍼센트는 현재 하고 있는 업무에서 꾸준히 경력을 쌓으면서 사업을 준비하고 있다.[*] 위의 설문 결과를 보면 월급쟁이가 내 사업을 구상할 때 지금까지 해온 업무에서 출발한다는 의식에는 큰 변화가 없다. 이는 지극히 현실적인 발상이다. 내 업무는 누구보다도 잘 알고 있으니 말이다.

　월급쟁이는 지금 다니는 직장을 언제쯤 그만둘지 마음속으로 셈하지만, 생각하는 시기보다 더 빨리 그만두기가 쉽다. 2016년부터 우리나라 기업의 정년은 60세가 됐다. 하지만 정년까지 고용을 보장받을 수 있다고 믿는 월급쟁이는 18퍼센트에 불과하다. 2016년에 조사에 따르면 월급쟁이들은 자신의 정년을 평균 50.9세라고 예상했다. 남성은 평균 51.7세, 여성은 49.9세다. 기업의 형태에 따라 약간 차이가 있는데 공기업 54.8세, 중소기업 50.8세, 대기업 48.8세였다.[**] 50세 언저리에 새로운 직장으로 이직하면 정년 연령이 더 올라가겠지만 현실적으로는 재취업이 어렵다. 이런 실정이다 보니 내 사업을 하고 싶다는 생각은 막연한 기대가 아니라 할 수밖에 없다는 각오가 되고 있다. 사업은 월급쟁이의 선택이 아니라 필수가 되었다.

● 〈2030 직장인 81%, "때려치고 자기 사업 하고 싶다"〉, 노컷뉴스, 2013년 8월 13일.
●● 〈'60세 정년 시대' 왔지만 직장인이 느끼는 예상 퇴직 나이는 '50.9세'⋯ 정년 보장 믿는 직장인은 10명 중 2명꼴〉, 조선비즈, 2016년 6월 1일.

상황이 이러하니 월급쟁이는 정년의 문제든 자아실현의 문제든 이런 저런 이유로 내 사업을 생각하기 마련이다. 나 역시 그랬다. 나는 멀쩡하게 직장을 잘 다니던 38세의 월급쟁이였다. 당시에 나는 65세 정년이 보장된 도쿄대 교수였다. 국립대학이니 별 탈만 없다면 앞으로 수십 년 동안 직장을 다니면서 월급을 받을 수 있는 상황이었다. 교수의 업무라는 게 학생들 가르치고, 내가 원하는 주제를 연구하고, 연구한 결과를 논문이나 책으로 발간하는 정도다. 몸이 건강하고 정신만 제대로 돌아가면 직장 생활에 아무런 문제가 없다. 시간 여유도 있어 그리 바쁘지 않게 살아갈 수 있다. 그런데도 나는 내 사업을 하고 싶었다.

아직 21세기가 오지도 않은 시대였다. 나는 기계 부품을 설계하거나 화학 플랜트를 운영하는 등의 복잡한 공학 문제를 컴퓨터로 해결하는 방법론을 연구하고 있었다. 인공 지능과 3차원 형상 기술을 이용하여 프로그램을 만들어 현실 문제에 적용했으며 그 결과를 논문으로 발표하였다. 당시는 컴퓨터가 널리 보급되지 않았고 기술 수준도 낮은 시대였으니 연구할 주제도 넘치고 나름 재미있는 성과도 많이 만들었다. 연구는 그 자체로 재미있었다. 하지만 마음속에 풀리지 않는 의문이 있었다. '내가 하고 있는 연구는 과연 이 세상에 도움이 되는 걸까?' 도움이 되는지 안 되는지 알 수 있는 방법은 간단했다. 도움이 된다면 내 연구 성과를 돈 받고 팔 수 있을 거다. 만약 아무도 내 연구 성과를 돈 주고 사지 않는다면 나는 전혀 쓸모없는 연구를 하고 있다는 얘기였다. 나는 공학자이므로 공학이 세상에 실질적인 도움이 되어야 한다고 믿는다. 내가 가진 지식으로 이 세상에 도움을 주면서도 그 지식을 현금으로 바꾸고 싶었다. 그 수단이 바로 내 사업이었다.

매일 대학에 출근하고 연구를 하면서도 사업에 대한 열망이 점점 커져만 갔다. 마침내 40세가 된 어느 날 대학을 그만두고 사업을 시작했다. 위에서 소개한 설문 조사 항목에 비유하자면, 자아실현을 위해 내 사업을 시작한 셈이다. 나는 연구 조사 보고서를 작성하고 기술 동향에 관한 컨설팅을 하는 아이템으로 사업을 시작했다. 소프트웨어 상품도 개발하고 판매했다. 돌이켜보면 숱한 어려움이 있었지만 즐거움도 많았다. 성공도 맛보고 실패도 맛보았다. 회사 경영이 순조로울 땐 천당이 무엇인지 알게 되었고, 경영이 힘들 땐 지옥이 무엇인지 느꼈다.

하지만 무엇보다 스스로 각성한 사실이 있다. 만약 내 사업을 시작한다면 인생의 모든 걸 다 걸겠다는 각오가 있어야 한다는 거다. 나는 내 사업을 하면서 비로소 성숙한 사람이 되었다. 사업은 내게 인생의 의미를 알려주었다. 월급쟁이로 사는 동안 몸에 밴 마인드가 사라지고 세상을 바라보는 새로운 시각을 얻게 되었다. 사업뿐만 아니라 한 사람의 인생을 다양한 기준으로 평가할 수 있게 되었다. 내 사업에 몰두하는 과정에서 더할 나위 없는 행복을 맛보았다. 규모를 키우고 돈을 많이 벌고 유명해지는 건 사업의 극히 일부에 지나지 않는다는 사실도 알게 되었다. 내 사업의 의미를 새롭게 깨달은 것만 해도 큰 성과다. 이제는 사업을 돈으로 평가하지 않는다. 성공과 실패로 나누지도 않는다.

나는 10년이 지난 후에 사업을 그만두었고 한국에 돌아와 다시 교단에 섰다. 월급쟁이로 돌아온 셈이다. 이 생활에는 반드시 끝이 있다. 지금의 월급쟁이 생활이 끝나면 다시 사업을 할 예정이다. 월급쟁이에게 '언젠가는 내 사업'은 꿈이 아니라 숙명이기 때문이다. 나는 가끔 돌이켜본다. 월급쟁이를 하면서 내 사업을 꿈꿀 때 무엇을 어떻게 준비하는 게 좋을까? 아직 내 사업을 막연하게 생각만 하고 있는 단계라면 이에 걸맞은 준비가 있지 않을까? 만약 과거로 돌아가서 내 사업을 구상한다면 어떤 준비를 해야 할까? 반성과 아쉬움에서 묻어나온 물음에 하나하나 답을 해보았다.

과거의 나에게 들려주고 싶은 이야기를 이 책에 담았다. 막연하게 내 사업을 꿈꾸던 과거의 나를 조용한 찻집으로 불러내 하나씩 말해주고픈 이야기 말이다. 내 사업을 꿈꾸던 서른여덟의 나에게 경영학 서적에 나오는 경영 전략이나 마케팅, 고객 관리를 말하고 싶지는 않다. 그것보다 구체적이고 현실적인 방법을 이야기하고 싶다. 내 사업을 시작하려면 현실에 맞는 준비가 필요하다. 물론 이러한 이야기에 정답은 따로 없지만 말이다.

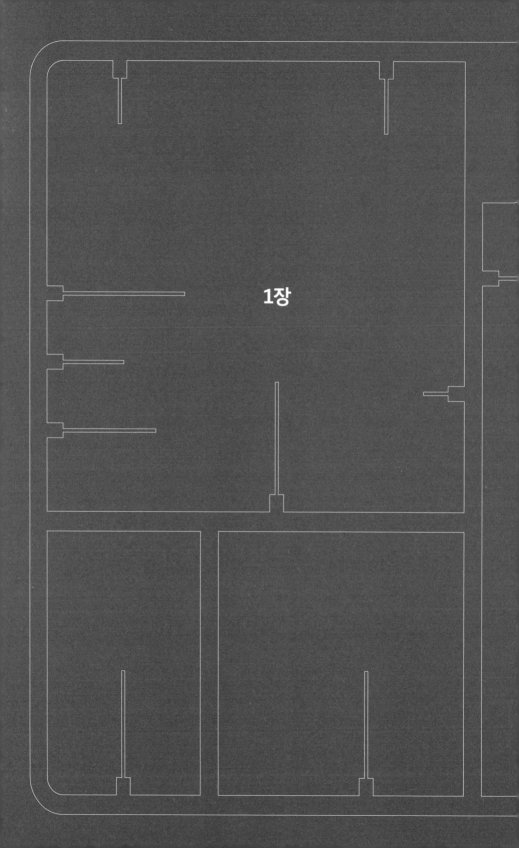

1장

내 사업,
누구나
할 수 있다

1
월급쟁이와
창업가

월급쟁이 마인드와 창업가 마인드는 달라도 너무 다르다

월급쟁이는 남이 주는 월급을 받는, 월급쟁이 마인드를 가지고 있는 사람이다. 여기서 마인드란 의식, 마음, 정신, 습관, 행동을 포함하는 넓은 의미를 지닌 표현이다. 월급쟁이 마인드엔 '월급쟁이식'이라는 비유가 담겨 있다. 표준국어대사전에서는 월급쟁이식을 다음과 같이 설명한다.

월급쟁이식 [명사]
: 시키는 일이나 하여 월급을 받는 사람과 같은 방식이라는 뜻

으로, 주인다운 입장과 태도를 지니지 못하고 보수나 바라며 되는대로 일하는 방식을 비유적으로 이르는 말

반면 창업가는 남에게 월급을 주는 사람이다. 창업가라는 단어는 사업을 시작하고 경영하는 사람을 총칭한다. 창업가는 창업가 마인드를 가지고 있다. 경영학의 아버지라 불리는 피터 드러커는 창업가 정신 혹은 기업가 정신Entrepreneurship을 '위험을 무릅쓰고 포착한 기회를 사업화하려는 모험과 도전의 정신'이라고 하였다. 창업가 정신을 가진 사람은 어떤 사람일까? 1977년 드러커는 한국을 방문했을 때 현대그룹의 정주영 회장에 대해 선천적으로 창업가 정신을 타고난 사람이라고 평가했다. 당시 기록에 의하면 드러커는 정주영 회장과 만나 이렇게 말했다고 한다.

"제가 한국 경제와 정주영 회장님을 보고 깨달은 건, 경영이 학식과 머리로만 하는 것이 아니라는 겁니다. 이론과 머리는 극히 일부분에 불과하다고 생각합니다. 기업가의 정신은 머리가 아니라 가슴과 기질에서 나오는 것 같습니다. 이론이 아니라 타고난 천성에서 나온다는 이야기죠. 정 회장님은 그런 점에서 천성을 타고난 분입니다. 회장님은 많은 불확실성과 위험 요소, 난관이라는 안개로 가려진 먼 미래의 사업 기회를 날카로운 예지력으로 간파해내고, 이를 강력히 실천해내는 리더십과 결행 능

력을 이론 이전에 선천적으로 타고난 분입니다."●

월급쟁이와 창업가의 마인드는 서로 정반대라고 해도 과언
이 아닐 정도로 차이가 크다. 그중에서도 능동적이냐 수동적이
냐가 가장 차이가 크다. 월급쟁이는 자기가 한 일의 대가를 받는
다. 회사에 이익이 나는지 여부와는 상관없다. 이런 특성 때문에
월급쟁이 마인드는 수동형 인간이 되기 쉽다. 수동적인 사람은
어려운 판단을 해야 하는 경우 스스로 결정하지 못하고 전례를
찾거나 상사의 지시에만 따른다. 다른 사람 탓으로 돌리는 경향
도 있다. 뭐라도 이유를 붙여 실행하지 않는 버릇이 있다. 월급쟁
이 마인드는 평범한 직원에게만 있는 게 아니다. 월급쟁이로 입
사해서 최고경영자가 된 사람에게도 월급쟁이 마인드가 남아 있
다. 컨설팅 회사인 지에이치스마트GhSMART가 2,600명 이상의 경
영자를 월급쟁이 경영자와 창업가 경영자로 나누어 분석한 결과
를 보면 분명하게 알 수 있다. 월급쟁이는 과거에 얽매이며 도전
정신이 약하다. 이에 비해 창업가는 변화에 도전하려는 의지가
강하다.

나는 한국과 일본에서 월급쟁이로 살았다. 오랜 월급쟁이
생활로 월급쟁이 마인드가 생겼다. 동시에 나에게는 창업가 마

● 〈피터 드러커 "정주영은 내가 주창한 기업가 정신의 극적인 사례"〉, 프리미엄
조선, 2014년 11월 5일.

인드도 있다. 나는 일본에서 10년간 사업을 직접 경영한 경험이 있다. 작은 기업이었지만 오랜 기간 직원을 채용하고 월급을 주었으니 당연히 월급 주는 창업가 마인드를 가지게 되었다. 경험만으로 말하자면 월급쟁이 마인드와 창업가의 마인드는 완전히 다르다. 달라도 너무 다르다. 그리고 이 마인드는 매우 오랜 시간 머릿속을 지배한다.

먼저 월급쟁이 마인드. 월급쟁이 마인드는 직장을 그만둔 후에도 꽤 오랫동안 지속된다. 나는 한국에서 다니던 기업을 사직하고 유학을 갔다. 32세 때의 일이다. 직장을 그만두면 다음 날부터 월급을 받지 않으니 당연히 월급쟁이 의식도 금세 없어질 줄 알았다. 하지만 그게 아니었다. 직장을 사직하고 나서 한동안은 이전에 하던 업무를 계속 되새겼다. 월말이 되면 '아, 월말 보고서를 써야겠구나' 생각하고 연말이 되면 '슬슬 내년도 예산 계획을 짜야지'라고 떠올렸다. 여름이 되면 휴가는 언제 갈지 궁리하고, 겨울엔 '올해는 매출이 얼마나 될까?'라고 생각했다. 매사이런 식이었다. 도대체 나는 유학을 간 건지 출장을 간 건지 모를 정도였다. 직장을 다니며 몸에 밴 월급쟁이 의식은 회사를 그만둔 후에도 한참 남아 있었다.

지인 중에 기관장 생활을 포함하여 수십 년 동안 월급쟁이로 산 사람이 있다. 그는 행사를 마치고 여럿이서 함께 식사하러 가면 반드시 참석자들에게 물어본다. "법인카드는 누가 가지고 있지?" 식사 비용은 반드시 조직의 공금으로 내야만 하며 본인 주머니에서는 한 푼도 꺼내면 안 된다는 철학을 가진 사람이다. 공짜를 좋아한다기보다 공식적인 행사에 내 돈을 써야 한다는 의식이 없다.

창업가 마인드 역시 오래 지속된다. 그중에는 사람에 관한 마인드도 있다. 나는 사업을 하는 동안 직원 채용에 많은 노력을 기울였다. 회사는 사람이 중심이니 어떤 사람이 입사하느냐에 따라 운명이 바뀐다. 경영자의 가장 큰 업무는 매출도 아니고 영업도 아니고 직원 채용이라 할 만하다. 대기업이라면 입사 희망자가 많으니 후보자 가운데 마음에 드는 사람을 선택해서 채용할 수 있다. 그러나 대부분의 중소기업은 입사 희망자가 적어 회사에 어울리는 직원을 채용하기가 어렵다. 그러니 어디를 가서 누구를 만나더라도 마음속으로 '이 사람은 우리 회사에 채용할 만한 사람인가?'를 기준으로 상대방을 평가하게 된다. 채용하고 싶은 사람이라면 별도로 시간을 내어 깊은 대화를 한다. 상대방의 사정으로 채용을 하지 못하더라도 좋은 관계를 유지하려고 노력한다. 언제든 회사의 문이 열려 있다고 알려준다. 회사에 어울리는 사람을 찾으려는 마인드는 사업을 그만두고 대학에서 일을 하면서도 여전히 남아 있다. '이 학생은 내가 채용하고 싶은 사람인가?'를 기준으로 학생을 바라본다. 마음에 쏙 드는 학생을 찾으면 얼른 채용하고 싶다. 지금은 사업을 하지 않으니 채용할 수 없지만 '채용하고 싶다'는 평가는 내가 학생에게 하는 최고의 찬사다.

월급쟁이 마인드와 창업가 마인드는 일상생활에서도 흔히 관찰할 수 있다. 예를 들어 지인이 책을 출간했을 때도 그렇다. 사업을 한 번이라도 해본 사람은 백이면 백 자신의 책을 돈 주고 사겠다고 말한다. 열 권 사서 주변에 나눠줄 거라고 말하는 사람도 있다. 실제로는 한 권도 안 살 수 있지만 적어도 말은 풍성하게 한다. 월급쟁이 중에는 책을 공짜로 달라고 하는 사람이 많다. 사실 책값은 그리 비싸지 않으니 한 권쯤 사도 생활에 큰 지장이 없다. 이렇게 책 한 권이라도 내 돈을 주고 구입하려는 사람과 한 권이라도 공짜로 받으려는 사람의 의식에는 큰 차이가 있다. 이는 재산의 차이가 아니다. 월급쟁이라고 해서 창업가보다 월급이 반드시 적지만도 않고 창업가라고 해서 반드시 월급쟁이보다 수입이 많은 것도 아니다. 그런데도 이렇게 마인드가 다르다. 월급쟁이라면 수동형 인간이어도 큰 문제는 없다. 하지만 내 사업을 하려는 사람이라면 마인드를 바꿔야 한다. 월급쟁이 마인드를 버리고 창업가 마인드로 변하지 않으면 발상이나 행동이 변하지 않는다. 월급쟁이와 창업가는 각각 일, 시간, 돈에 관한 특유의 의식을 지닌다.

(1) 일: 월급쟁이는 일에서 재미를 느끼고 창업가는 일을 업으로 삼는다

월급쟁이에겐 하고 싶은 일을 하지 못한다는 게 큰 문제다. 직장 생활을 재미로 하는 사람은 없다지만 월급쟁이는 일에서 재미를 찾는다. 이는 일본도 마찬가지다. 장기간 불경기가 지속되고 있는 일본에서는 급여 제도가 연공서열에서 능력주의로 변화하였다. 세월이 흘러도 승진하지 못하는 사람이 늘어나고 이들은 언제나 같은 일만 반복하게 된다. 항상 같은 일만 하니 일이 재미있을 리 없다. 일에서 재미를 느끼지 못하면 직장 생활뿐만 아니라 전반적인 생활 만족도 역시 함께 감소한다.

만약 월급쟁이가 하고 싶은 일을 하도록 여건을 만들어주면 어떻게 될까? 2007년 당시 구글의 슈미트 회장은 언론 인터뷰에서 구글이 성공한 원인으로 '20퍼센트 룰'을 거론하였다. 모든 직원은 근무 시간의 20퍼센트를 업무와 직접적인 관련이 없는 일을 하는 데 쓸 수 있다는 룰이다. 직원들은 자신이 해보고 싶었던 일을 시도하거나 회사와 아무런 관계없는 작업을 할 수 있다. 얼핏 보면 회사에 손해를 끼칠 것 같지만 실은 이를 통해 기업의 핵심 경쟁력이 배양된다고 설명했다. 구글의 지메일이나 자율주행차는 모두 20퍼센트 룰 덕분에 탄생한 상품이다. 월급을 받고 일을 하면 당연히 직장에서 시키는 일을 해야 한다. 일의 대가로 받는 돈이 바로 월급이다. 번외로 하고 싶은 일을 하려면 기획서를 작성하고 상사를 설득해서 시간과 비용을 만들어야 한다. 반드

시 기업의 상품으로 연결되지는 않는다 하더라도 정해진 업무가 아닌 일을 할 수 있다는 20퍼센트 룰은 월급쟁이에게 큰 재미를 선사한다.

구글에 이어 3M에서는 '15퍼센트 룰'을 적용하여 포스트잇을 개발했다는 성공 사례도 소개되면서 세계 각지에서는 20퍼센트 룰을 모방한 기업이 나타났다. 그러나 좋은 성과를 내지는 못했다. 지인이 근무하는 회사에 관한 이야기를 들은 적이 있다. 이 회사에서도 20퍼센트 룰을 만들었는데 자세히 보니 구글과 약간 달랐다. 구글은 근무 시간 중 20퍼센트를 사용하게끔 했지만, 이 회사는 근무 시간 외에 별도로 20퍼센트를 사용하게 했다. 잔업을 하라는 말이다. 20퍼센트 룰은 현재 유명무실해졌으며 별다른 성공 사례도 들리지 않는다. 크게 성과를 만들지 못한 원인도 있지만 결국 월급쟁이가 회사에서 하는 업무는 미리 정해놓은 일을 시간에 맞춰 하는 게 기본이기 때문이다.

이에 비해 창업가는 자신이 하고 싶은 일을 중심으로 사업을 추진한다. 창업 아이템으로 가장 먼저 떠올리는 건 잘하는 동시에 하고 싶은 일이다. 그리고 이 일을 평생의 업業으로 삼는다.

(2) 시간: 월급쟁이는 시간에 쫓기고 창업가는 시간을 활용한다

월급쟁이에게 출퇴근은 매우 중요하다. 정해진 시간에 출근하고 정해진 시간에 퇴근하고 싶어한다. 만약 퇴근하지 못하고 잔업을 하면 수당을 받는다. 휴일에 출근해도 수당을 받는다. 수당을 준다고 해도 잔업이나 휴일 출근을 거부할 수 있다. 월급쟁이들은 식사 시간을 다 채우고서야 직장으로 돌아간다. 혹은 식사를 빨리 하고 남은 시간을 이용해서 공부하거나 산책을 한다. 주어진 식사 시간을 완벽하게 다 사용한 후에야 업무에 복귀한다. 월급쟁이는 주어진 시간을 어떻게 하면 적절하게 사용할 수 있는지에 관심이 많기 때문에 시간 관리를 중요하게 여긴다. 월급쟁이는 항상 바쁘다고 말한다.

이에 비해 창업가는 출퇴근을 크게 중요하게 여기지 않는다. 바쁘다고 말하지도 않는다. 월급쟁이로 살 때는 시간이 없고 항상 바쁘다고 말하던 사람도 막상 사업을 시작하면 바쁘다고 말하지 않는다. 여기에는 이유가 있다. 창업가에게는 일하는 시간이나 여가를 즐기는 시간이나 다르지 않기 때문이다. 내 사업을 하면 1년 365일 모두 일하게 된다. 일터에 나가지 않더라도 어디에서나 일을 생각하므로 결국 매일 일하는 셈이다. 한밤중이나 휴일 새벽이라도 필요하면 일을 한다. 내 사업을 하면 아플 시간도 없다. 창업가가 아프면 사업은 망하기 십상이다. 창업가는 내 사업을 지키기 위해서라면 어떤 생활도 마다하지 않는다. 만약 시간적으로 여유 있는 생활을 원한다면 사업가보다는 월급쟁이가 낫다는 사람이 많다.

창업가는 행동 하나하나에 드는 시간을 최대한 단축하려고 노력하기 때문에 시간 관리에 관심이 많다. 창업가와 식사를 해 보면 공통점이 있다. 그들은 식사하는 속도가 매우 빠르다. 밥을 먹는 게 아니라 마신다고 표현해야 할 정도다. 밥 먹는 속도만 빠른 게 아니라 결단도 빠르다. 전화하면 통화 시간도 짧다. 시간의 중요함을 뼈저리게 느끼기 때문이다. 창업가는 정해진 시간 동안 어떻게 하면 더 많은 일을 할 수 있을지 궁리한다. 창업가는 같은 일도 매일 해낼 수 있는 지구력이 있다. 성공하기 위해서가 아니라 살아남기 위해서 노력이 필요하다는 사실도 절감한다. 창업가는 일하는 시간을 줄이려고 노력하지만 결과적으로는 매일 오랜 시간 일한다.

일본 속담에 가난한 사람은 쉴 틈이 없다는 말이 있다. 사업이 아직 궤도에 오르지 않아도 가난하다. 가난하므로 당연히 시간을 써서 노력해야 한다. 만약 경쟁자와 비슷한 상품이나 서비스밖에 제공하지 못한다면 사업이 힘들어진다. 경쟁력을 가지기 위해선 창업가가 시간을 들여 노력해야 한다. 사업 초기에는 고객도 없고 매출도 없다. 창업가는 사업이 궤도에 오를 때까지 오랜 시간 필사적으로 일한다.

'워크 라이프 밸런스work life balance'라는 용어가 있다. '일과 생활의 균형'이라는 뜻으로 '워라밸'이라고 약어로 말하기도 한다. 일과 생활은 균형을 갖추어야 한다. 하지만 막상 내 사업을 하면 워라밸이 제대로 지켜지지 않는다. 지키고 싶어도 지킬 수 없다는 게 더 정확하다. 사업을 시작하면 일에 파묻히게 된다. 저절로 일 중독자가 되어 일과 생활이 구분되지 않는다. 일이 취미이고 취미가 일이기 때문이다.

(3) 돈: 월급쟁이는 돈의 양을 따지고 창업가는 돈의 흐름을 따진다

우리나라 월급쟁이 가운데 가장 많은 돈을 받는 사람은 삼성전자 종합기술원 권오현 회장이다. 그는 2017년에만 243억 원을 받았다. 대부분의 월급쟁이에게는 비현실적인 금액이다. 통계청이 발표한 '2016년 기준 일자리행정통계 결과'에 따르면, 임금 근로자는 월평균 281만 원을 벌었다. 소득이 많은 순서대로 모든 월급쟁이를 한 줄로 세웠을 때 중위소득은 209만 원이었다. 월급 200만 원은 우리나라 월급쟁이의 지갑 형편을 가늠할 수 있는 하나의 기준이기도 하다. 통계청이 발표한 '2017년 상반기 지역별 고용조사'를 보면 1,978만 명의 근로자 중에서 43퍼센트인 852만 명은 월급이 200만 원 미만이고 나머지 57퍼센트는 200만 원 이상이었다. 굳이 통계를 인용하지 않더라도 월급쟁이에게 월급 액수는 매우 중요한 문제다.

월급이 많으면 좋고 적으면 나쁘지만 월급쟁이에겐 일한 만큼 월급을 받는지가 매우 중요하다. 누구든 자신은 월급보다 훨씬 더 많은 일을 한다고 생각한다. 월급쟁이는 통장에 잠시 돈이 없어도 편안하다. 월급날이 되면 어김없이 돈이 들어오기 때문이다. 월급날은 반드시 지켜져야 한다. 세계 경제가 장기 침체에 빠지든 회사가 경영 위기를 겪든 내 월급이 제대로 지급되는 게 우선이다.

월급쟁이는 회삿돈에는 관심이 없다. 회사의 매출액은 알아도 영업이익률은 모르는 직원이 많다. 각 상품이 전체 매출에서 차지하는 비율도 잘 모른다. 직원 1인당 매출액과 영업이익률을 이해하고 이를 월급과 비교해보면 회사의 상황을 이해할 수 있지만 그런 노력은 하지 않는다. 내 연봉을 시급으로 환산해보거나 한 시간 회의하는 데 드는 총 비용은 얼마인지 계산해보는 월급쟁이도 드물다. 직장의 깊은 사정은 알려고 하지 않는다. 알 필요도 없다. 월급쟁이가 회삿돈에 관심이 없는 건 당사자 의식이 없기 때문이다.

월급쟁이와 창업가가 특히 다른 건 돈에 관한 마인드다. 매달 돌아오는 월급날을 하루도 미루지 않고 월급을 주는 건 너무 힘든 일이다. 월급날은 빨리도 돌아온다. 월급 받는 사람은 휴일이 많은 달이면 여행 갈 계획에 환호성을 지른다. 하지만 월급 주는 사람은 휴일이 너무 많으면 언제 일을 하냐고 한숨을 쉰다. 사업 초기에는 매출이 낮아 모든 게 다 궁핍하다. 직원에게는 월급을 주지만 창업가 본인은 월급을 받지 못하는 경우도 허다하다.

창업가는 노력과 매출은 전혀 다른 차원이라는 사실을 잘 알고 있다. 그래서 창업가는 항상 초조해하며 위기를 느낀다. 지금은 큰 문제없이 회사가 돌아가고 있다 해도 1년 후 어떻게 될지는 아무도 모르기 때문이다. 주력 상품이 어느 날 갑자기 매출 제로가 되는 사례도 실제로 많다. 창업가는 회사 통장에 돈이 많이 있어도 불안하다. 한두 달이면 다 쓰고 없어지기 마련이다. 만약 석 달째 돈이 한 푼도 들어오지 않는다면 회사는 망할 수 있다. 사업을 하면 들어오고 나가는 돈의 규모가 갑자기 커지거나 갑자기 작아지기 때문에 써도 되는 돈의 범위를 한정 짓기 어렵다. 사업하는 사람치고 돈 때문에 고민하지 않는 사람은 없다. 사업 규모가 커질수록 고민도 많아진다. 창업가는 회사의 모든 활동을 돈과 직결한다. 창업가에게 중요한 건 현금 유동성이다. 돈이 계속 돌아야 회사가 망하지 않는다. 창업가는 돈의 양이 아니라 돈의 흐름을 따진다.

창업가 마인드를 가진 월급쟁이도 있다

막연하게 생각만 해도 무방한 월급쟁이와 달리 창업가는 구체적으로 실천해야 한다. 월급쟁이 중에는 꿈만 꾸고 실제로는 평생 내 사업을 하지 못하는 사람이 많다. 모든 창업가에게는 공통점이 있다. 꿈에만 그치지 않고 실제로 시도했다는 거다. 시도하지 않으면 아무 일도 일어나지 않는다는 사실을 경험한 사람이 바로 창업가다.

　월급쟁이 중에도 마치 창업가처럼 일하는 사람이 있다. 천성적으로 성실한 경우도 있지만 나름대로의 목적을 가진 사람도 있다. 목적 가운데 하나는 출세다. 보통은 직원이 열심히 일하고 성과를 내면 어느 정도 직위까지는 별 탈 없이 승진한다. 또 다른 목적은 내 사업을 하기 위해서 일을 배우려는 사람이다. 직장에서 배운 기술을 가지고 내 사업을 시작하거나, 혹은 직장 자체를 내 사업의 고객으로 만들고 싶어 한다. 이런 사람은 월급쟁이라도 창업가 마인드로 일한다.

　이외에도 차이점은 매우 많다. 월급쟁이는 책상머리에 앉아 남이 만들어놓은 데이터만 보면서 세상을 판단하지만, 사업을 하면 현장에 나가서 손으로 직접 만져보고 눈으로 직접 관찰하지 않을 수 없다. 현장에서 어떤 일이 일어나는지, 무엇이 문제인지를 생각하고 눈으로 확인하는 건 내 사업이기 때문이다.

　월급쟁이는 언제든지 자신이 맡은 업무를 그만두거나 직장을 그만둘 수 있지만 창업가는 쉽게 그만두지 못한다. 투자한 자본금도 있지만 직원과 고객에게도 피해를 주기 때문이다.

　창업가는 불만이 많다. 매출이 늘지 않아도 불만, 이익이 남지 않아도 불만이다. 회사가 망하지 않으려면 계속 신상품을 개발하고 고객을 늘려야 하는데 마음대로 되지 않아 불만이다.

　창업가는 변화를 만들기 위해서 공부한다. 사업에 관한 일이라면 자다가도 일어나서 메모를 하고, 작은 변화에도 민감해한다. 현재에 만족하면서 변화하지 않으면 살아남을 수 없다는 사실을 절감하는 창업가는 항상 변하려고 노력한다. 시장 환경이 변하고, 고객이 변하고, 경쟁자가 변하기 때문에 나 역시 변하지 않을 수 없다. 시간이 가면 모든 게 다 변한다. 맛의 기준도 변하고 패션도 변한다. 사람도 변한다. 시대에 맞는 새로운 경쟁자도 등장한다. 창업가는 이런 현실을 충분히 알기 때문에 항상 긴장한다. 창업가가 현실에 안주한다면 오히려 위험하다. 변화를 기대하기 어렵기 때문이다. 계속해서 변화하지 않는 회사는 결국 망하기 십상이다. 창업가가 자서전을 쓰면 그 회사는 위험하다는 격언이 있다. 자서전을 쓰려면 뒤를 돌아봐야 한다. 경영자가 미래를 보지 않고 과거를 보고 있다면 그 기업은 새로운 변화를 일으킬 동력이 없다. 이런 회사에는 투자하지 말라고 조언하겠다.

2
내 사업이
어려운 이유

생각만 하다가 그치는 사람이 많다

내 사업을 하려는 계기는 사람마다 다르다. 자발적으로 생각하는 경우도 있고 외부 환경 탓인 경우도 있다. 직장에서 제대로 대우받지 못하거나 상사와 사이가 나빠 일하기 어렵거나, 업무에 비해 월급이 너무 적은 경우에도 내 사업을 생각하게 된다. 시간이 한참 흐른 뒤에 보면 벌써 내 사업을 시작한 사람도 있고 여전히 직장을 다니는 사람도 있다. 사실, 실제로 사업을 하는 사람보다 그저 생각에 그치는 사람이 훨씬 더 많다. 내 사업을 하고 싶다는 건 단순히 월급쟁이의 꿈인지도 모른다.

사업은 누구에게나 추천할 만한 일은 아니다. 추천한다고 해서 누구나 할 수 있는 일도 아니다. 월급쟁이는 이런 상황을 너무나 잘 알고 있다. 그럼에도 불구하고 미래에 선택할 수 있는 한 가지 대안으로 사업을 생각할 수밖에 없다. 그래서 누구나 내 사업에 관한 막연한 생각을 떨치지 못한다.

내 사업의 출발점은 바로 이런 막연한 생각이다. 믿음은 있다. 만약 내 사업을 한다면 잘하는 일, 하고 싶은 일만 하면 된다는 믿음이다. 모든 일을 내 마음대로 하고 다른 사람의 눈치를 보지 않아도 된다는 믿음이다. 다른 사람이 나를 어떻게 평가하든 신경 쓰지 않아도 된다는 믿음이다. 더불어 사업에는 어려움이 많다는 점도 알지만 나는 다른 사람과는 달리 잘할 수 있다는 믿음도 있다. 내 사업을 하면 이렇게나 많은 장점이 있다고 생각하기 마련이다.

실제로 내 사업을 하게 되면 이런 믿음은 거의 사라진다. 현실은 다르다. 싫어하는 일도 해야 한다. 많은 사람들이 내 사업을 마음먹다가도 생각으로 그친다. 마음과 행동이 따로 논다. 개중에는 의지가 강한 사람도 있다. 이런 사람은 직장을 다니는 동안에 사업을 위한 첫걸음을 내딛는다. 지금 당장 직장을 그만둘 형편도 아니고 직장 사정도 그리 나쁘지 않아 당분간은 아무 문제 없이 다닐 수 있다면 내 사업을 위한 준비도 비교적 여유 있게 진행할 수 있다.

이론과 현실은 다르다

월급쟁이는 사업의 현실을 모른다. 그러다 보니 지금 당장 무엇을 어떻게 하면 좋을지 막막하다. 희망과 기대감도 크지만 동시에 절망과 불안감도 크다. 당장 뭐라도 하지 않으면 안 될 것 같다는 압박을 느낀다. 그래서 창업 박람회에도 가고 창업 컨설턴트와 상담도 한다. 학원에서 기능을 배우기도 하고 창업에 관한 책도 밑줄 그어가며 읽는다.

이렇게 책상머리에 앉아서 상상한 내용만으로 사업을 준비하면 현실과 동떨어지기 쉽다. 사업에 필요한 정보는 거의 다 배웠다고 착각하기 때문이다. 실내 풀장에서 수영하는 방법을 배우고서는 태평양을 건널 수 있다고 생각하는 꼴이다. 내 사업을 하고 싶다면 실제로 현장에 나가서 세상의 움직임을 관찰해야 한다.

마케팅에 관한 내용도 책 보고 공부하는 사람보다 실제로 현장에서 경험하거나 고객에게 직접 묻는 사람이 현실을 훨씬 더 정확하게 이해한다. 창업에 관한 책을 읽는다면 한 권만으로는 위험하다. 책에는 저자의 편견이 담겨 있기 때문이다. 여러 사람의 조언을 비교해보려면 10권은 읽어야 한다. 기술 서적이라면 3권 정도 구입해서 비교해보면 된다.

나 역시 그랬다. 월급쟁이였던 나는 경영학 서적을 읽으며 공부하고 기업 사례를 보면서 상상도 많이 하였다. 책으로 공부하는 내용은 경영학이고 내 사업을 하면서 부딪치는 현실은 경영이다. 경영학은 이미 다 끝난 과거의 사례를 수집하고 이를 적당한 프레임에 맞추어 분석하는 학문이다. 이에 비해 경영은 미래를 염두에 두고 현재 시점에서 행동해나가는 실전이다. 경영학은 책으로 배울 수 있지만 경영은 책으로 배울 수 없다. 책으로 배운다고 하여도 내 사업에 써먹긴 어렵다. 모든 기업은 처한 상황과 시간이 다르기 때문이다. 다른 경영자에게서 배울 수도 없다. 기업의 조건이 다르기 때문이다. 내 사업에는 임기응변이나 조삼모사와 같은 대응도 필요하다. 하지만 책으로는 배울 수 없다. 사업을 하면서 하나씩 깨닫는 수밖에 없다.

월급쟁이를 그만두고 내 사업을 시작하면 첫날부터 이론과 현실이 얼마나 다른지 알게 된다. 예를 들어 아무리 재무회계에 관한 서적을 탐독하고 회계 지식을 쌓더라도 은행에서 대출받는 과정에는 별로 도움이 되지 않는다. 창업한지 얼마 되지 않는 소기업이 은행에서 담보도 없이 대출을 받는 과정은 스스로 부딪치며 배울 수밖에 없다. 아르바이트 직원을 채용하고 너무 즐거워했는데 다음 날 직원이 출근하지 않는다면 책으로 배운 조직 관리나 인사 관리에 관한 지식이 아무런 소용이 없다는 사실을 절실히 깨닫게 된다.

정년퇴직하는 월급쟁이는 드물다

이렇게나 내 사업이 힘들어도 창업을 꿈꿀 수밖에 없는 이유가 있다. 월급쟁이는 직장에서 시키는 일을 하면 매달 정해진 날짜에 월급을 받으니 마음이 편할 만하다. 하지만 그들 중 어느 누구도 직장 생활이 편하다는 사람은 없다. 불만 가운데 하나는 '나의 미래가 막연하다'는 점이다. 직장은 아버지의 회사가 아니다. 작은 아버지 회사만 되어도 정년퇴직까지 다닐 수 있게 해달라고 조를 수 있을 거다. 하지만 현실은 전혀 그렇지 않다. 지금 당장은 별 문제 없어 보여도 언제 어떻게 될지는 아무도 모른다. 회사가 도산하거나 없어질지도 모른다. 그러다 보니 우리나라에서는 대기업에 취업하고 싶어 하는 사람이 많다. 대기업에 취업하면 마치 인생 게임에서 이긴 사람처럼 생각한다. 대기업은 아니더라도 직장에서 충분히 만족할 만한 월급을 받으며 정년퇴직할 때까지 아무런 문제가 없으면 얼마나 좋을까.

게다가 현재 하고 있는 업무가 너무 재미있고 천직이라고 느껴진다면 금상첨화일 것이다. 이런 사람이라면 미래가 마치 고속도로처럼 쭉 뻗어나갈 거라고 예측하기 쉽다. 현실은 그렇지 않다. 어떤 직장이라도 정년퇴직할 때까지 다닐 수 있다는 보장은 없다. 그래서 공무원이 되고 싶어 하는 사람도 많은데 역시 마찬가지다. 우리나라 공무원 10명 가운데 정년퇴직할 때까지 다니는 사람은 3명에 불과하다. 인사혁신처에 따르면, 매년 전체 국가공무원 중 0.4퍼센트가 퇴직하는데 정년이 되기 전에 퇴직하는 비율이 10명 중 7명이라고 한다. 이중에서 '일신상의 이유'로 사표를 낸 공무원이 63퍼센트다.

장사와 사업은 다르다

직장을 그만둔 후 사업을 할 거라면 장사와 사업을 구분할 필요가 있다. 예를 들어 치킨 가게는 너무 흔하게 접하는 업종이라서 누구든지 마음만 먹으면 전문 지식이나 큰 자본이 없어도 시작할 수 있다고 착각하기 쉽다. 하지만 우리가 알아야 할 점이 있다. 전 세계를 무대로 영업하는 맥도날드나 KFC 역시 치킨을 판매한다. 이 기업을 보고 장사한다고 하진 않는다. 한편, 우리 동네에 부부가 경영하는 한 치킨 가게는 장사라고 한다. 같은 치킨 가게인데 왜 KFC는 사업이고 동네 치킨 가게는 장사라고 부를까? 사업과 장사는 뭐가 다른가?

　설명하자면 다음과 같다. 장사는 이익을 얻기 위해서 물건을 사고파는 행위를 말한다. 영어로는 세일즈sales로 번역하는 경우가 많다. 치킨을 팔고 이익을 얻는 행위만을 두고 보면 동네 치킨 가게와 KFC는 모두 장사라는 행위를 한다. 하지만 장사에는 없고 사업에는 있는 요건이 있다. 바로 '경영'이다. 사업은 목적과 계획을 가지고 체계적으로 경영하는 행위를 말한다. 사업은 비즈니스business라고 번역하며 경영은 매니지먼트management라고 번역한다. 피터 드러커는 그의 저서 『변화 리더의 조건』(청림출판, 2014)에서 '경영의 7원칙'에 대해 말했다.

① 경영은 인간에 관한 것이다.
② 경영은 공동의 목표를 위해 사람들을 통합하는 것이다.
③ 구성원들에게 공동의 목표와 가치관을 가질 것을 요구한다.
④ 구성원들이 새로운 요구와 기회, 변화에 맞추어 성장하고 발전할 수 있도록 해야 한다.
⑤ 기업은 커뮤니케이션과 개인의 책임을 바탕으로 조직되어야 한다.
⑥ 성과를 평가하기 위한 다양한 측정방법이 필요하다.
⑦ 경영의 결과는 고객만족이며 이는 기업의 외부에 나타난다.

우리는 흔히 장사라고 하면 소규모 자영업자를 떠올리고, 사업이라고 하면 큰 기업을 떠올린다. 장사와 사업을 구분 짓는 요소는 단지 사업 규모에 국한되지 않는다. 아무리 매출이 많은 회사라도 체계적인 경영을 하지 못하면 장사라 부른다. 매출이 거의 없는 벤처라도 체계적으로 경영하면 사업이라고 부른다.

장사하는 사람은 장사꾼이라 하고 사업하는 사람은 사업가라 한다. 그런 의미에서 큰 회사를 운영하는 장사꾼도 있고 작은 벤처를 경영하는 사업가도 있다. 내 사업이란 내가 사업가가 되어 체계적으로 회사를 경영하는 것을 말한다.

'할 수 있다' 보다 '하고 있다'가 중요하다

언젠가는 반드시 내 사업을 할 거라고 아무리 외쳐본들 실현 가능성은 제로다. 구호만 외치는 사람은 절실함이 없기 때문이다. 정말 내 사업을 하고 싶은 사람이라면 부업이라도 해본다. 절실하게 원하는 사람이라면 조금씩이나마 내 사업을 준비한다. 주말 창업이나 부업까지는 하지 않더라도 직장 생활에만 100퍼센트 몰두하지도 않는다. 내 몸을 움직이고 내 머리를 사용하여 작은 실적을 많이 만들어본다.

(1) 간접 경험을 한다
쉬는 날을 이용해 내가 하고 싶은 사업과 연관 있는 지역 또는 기업을 방문한다. 어떤 기업이 어떠한 상품을 파는지 확인하고 주요 고객은 누구인지 확인하다.

(2) 세상의 반응을 살핀다

하고 싶은 사업에 관련한 내용을 매일 조금씩 SNS에 올린 다음 사람들이 어떤 반응을 보이는지 살펴본다. 필요할 법한 자료들은 모아둔다. 그러면 자연스럽게 세상 흐름을 따라갈 수 있다.

(3) 주변을 관찰한다

주변을 세밀하게 관찰한다. 내가 어떤 재주를 가졌는지도 유심히 살핀다. 누구에게나 한 가지 재주는 있다. 굼벵이는 구르는 재주가 있듯.

많은 월급쟁이들이 직장을 다니면서 내 사업을 준비하는데 특히 현재 하고 있는 업무를 통해 경력을 쌓으면서 준비하는 사람이 많다. 내 업무는 내가 가장 잘 안다. 제일 잘 아는 업무에서 내 사업을 시작하는 게 가장 현실적이다. 직장을 다니면서 업무와 전혀 상관없는 사업을 준비한다면 직장에도 충실하지 못하고 사업 준비도 부실해진다. 두 마리 토끼를 다 놓치기 쉽다. 두 발로 대지를 힘차게 딛고 두 눈은 높이 들어 하늘을 바라보는 자세가 필요하다. 두 발로 디딘 대지는 내가 가장 잘 알고 있는 업무다. 높이 바라보이는 하늘은 내 사업이다. 직장을 다니면서 내 사업을 준비하려면 철저하게 현실을 바탕으로 준비해야 한다. 다음 장에서 소개하는 7가지 포인트를 십분 이용하여 구체적으로 준비해보자.

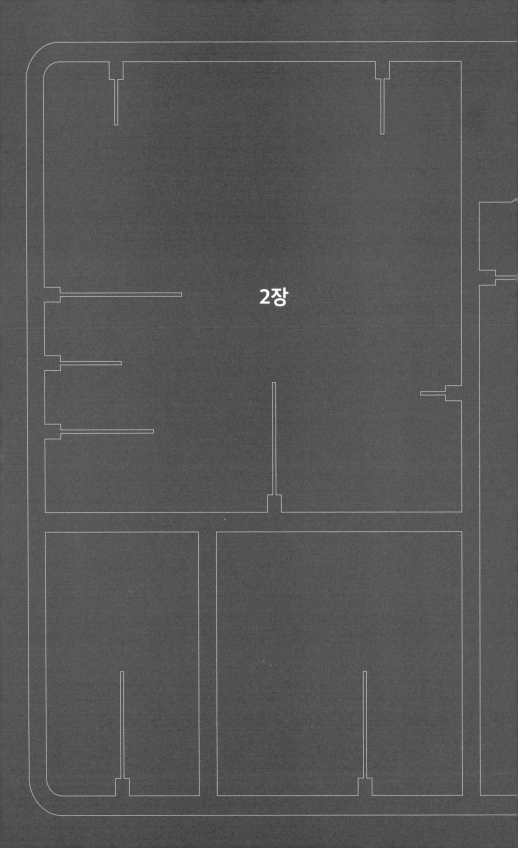

2장

내 사업을
준비하는
7가지 포인트

내 사업을
5W2H로 나누어
준비한다

제대로 정의되어 있지 않고 막연한 문제는 맞닥뜨려도 풀 수가 없다. 이럴 땐 문제를 제대로 정의하는 게 우선이다. 문제가 너무 크다면 몇 개로 나누어 부분 최적화를 한다. 내 사업에 관한 문제를 작게 나눌 때에는 '5W2H'로 나누면 알기 쉽다. 5W2H는 언제When, 어디서Where, 누가Who, 무엇을What, 왜Why, 어떻게How, 얼마에How much를 나타내며, 이들은 필수 항목 3가지와 보조 항목 3가지, 실행의 타이밍 1가지로 구성된다. 내 사업에 대한 막연한 생각을 5W2H로 나눈 후 하나씩 따져 확인하다보면 어느 틈엔가 내 사업을 할 수 있는 준비가 된다. 항목별로 하나하나 체크하는 과정이야말로 내 사업을 준비하는 과정이다. 여기에는 주의할 점도 있다. 5W2H 각각에 대한 부분 최적화를 다 모은다고 해서 반드시 전체 최적화가 되지는 않는다는 사실을 이해해야 한다. 내 사업을 실제로 실행해야만 알 수 있는 내용도 많다. 이런 내용은 사업을 실제로 진행하면서 데이터를 다시 입력하고 새롭게 최적화해야 한다. 전체 최적화는 한 번으로 끝나지 않는다. 사업을 하는 내내 끊임없이 진행된다.

문제를 나누고 하나씩 체크할 항목은 5W2H대로 하면 되지만 체크하는 순서에는 궁리가 필요하다. 순서가 중요하다. 중요한 순서대로 체크하고 답하다보면 자연스럽게 다양한 가능성을 발견할 수 있게 된다. 답해야 할 순서는 다음과 같다.

(1) 왜 - 필수 항목

가장 먼저 준비해야 할 요소는 '왜'이다. 왜 내 사업을 하려고 하는지에 대한 답이 없으면 준비조차 할 수 없다. 사업을 하고자 하는 나의 의지를 확인하고 또 확인하는 과정에서 길러진 힘은 내 사업을 하면서 마주칠 수많은 역경을 이겨내는 데에도 도움이 된다. 상상을 현실로 만들기 위해 스스로의 바닥까지 들어가 사업의 명분과 의지를 확인해보자.

(2) 무엇을 - 필수 항목

(2-1) 어디서 — 보조 항목

(2-2) 어떻게 — 보조 항목

(2-3) 얼마에 — 보조 항목

'어디서', '어떻게'는 '무엇'을 생각하면 자연스럽게 따라오는 질문이기 때문에 비교적 쉽게 체크할 수 있다. 어디서 어떻게 하고 싶은지 결정되면 '얼마에' 역시 어렵지 않게 답할 수 있다.

(3) 누가 - 필수 항목

'왜', '무엇을'과 더불어 반드시 답해야 하는 필수 항목은 '누가'다. 내 사업을 한다고 해서 나 혼자만 해야 하는 건 아니다. 파트너와 함께하거나 직원을 채용해서 시작할 수도 있다. 또한 나의 고객은 누구인가에 대한 답도 반드시 필요하다. 예상되는 미래 고객이 있을 경우 사업의 시작이 한결 순조로울 수 있다.

(4) 언제 - 실행의 타이밍

위의 모든 항목에 대답하고 나면 하나의 질문만 남게 된다. 언젠가는 내 사업을 하겠다는 월급쟁이에게 그 '언제'가 언제인지를 묻는 질문이다. 월급쟁이에게는 가장 어려운 질문이다.

5W2H를 하나씩 상세하게 준비할 시간이 없거나 혹은 아직 너무 막연해서 하나씩 답하기 어렵다면 필수 항목인 '왜, 무엇을, 누가'에 대한 답을 먼저 찾아도 좋다. 예를 들어 '바이오 기술로

더 좋은 세상을 만들기 위해서 새로운 야쿠르트를 만들겠다. 사업은 친구와 둘이서 한다'라는 식이다. 보조 항목인 '어디서, 어떻게, 얼마에'는 시간을 가지고 천천히 답한다.

언젠가는 내 사업 5W2H 체크리스트

■ 왜

- 나는 얼마나 내 사업을 하고 싶은가?

_____

- 가족은 내 사업에 찬성하는가?

_____

- 내 사업은 세상을 좋게 만드는가?

_____

- 내 사업의 명분은 무엇인가?

_____

■ 무엇을

- 사업 아이템은 구체적인가?

_____

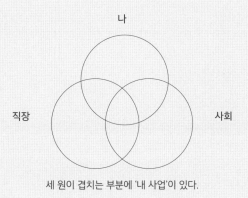

세 원이 겹치는 부분에 '내 사업'이 있다.

- 사업 아이템은 나의 스토리와 어울리는가?

_____

- 나에겐 쉽지만 다른 사람에게는 어려운 사업 아이템인가?

_____

- 고객의 불편을 해소하는 아이템인가?

_____

- 내가 1등 하는 아이템인가?

_____

☐ 어디서

- 내 사업을 실행할 장소는 내가 1등 하는 곳인가?

_____

□ 어떻게

- 사업 모델은 무엇인가?

_____

- 매출이 갑자기 제로가 되더라도 대처할 수 있는가?

_____

- 고객에게 어떻게 신뢰를 주는가?

_____

- 협력할 기업이 있는가?

_____

□ 얼마에

- 내 사업을 하는 데 돈이 얼마나 필요한가?

_____

- 자금은 어떻게 구하나?

_____

- 상품 가격은 결정했는가?

_____

- 첫 매출은 언제 발생하는가?

_____

■ 누가

- 내 사업을 함께할 파트너는 몇 명인가?

_____

- 창업 후 1년 이내에 채용할 직원은 몇 명인가?

_____

- 첫 상품의 고객은 누구인가?

_____

▣ 언제

- 준비 기간은 얼마나 필요한가?

_____

- 직장을 다니면서 부업으로 내 사업을 시작할 수 있는가?

_____

- 직장은 언제 그만둘 계획인가?

_____

- 내 사업을 시작해야 할 타이밍은 언제인가?

_____

1

WHY — 사업 명분:
'왜' 내 사업을 하려는 걸까

Q 나는 '왜' 내 사업을 하려고 하는가?

딱히 할 일이 없거나 심심해서 내 사업을 하려는 사람은 없다. 내 사업을 하려는 사람에게는 반드시 이유가 있다. 이유야말로 내 사업의 출발점이자 초심이다. 실제로 사업을 하다가 앞이 막막할 때 되돌아와야 할 지점이 바로 여기다.

✔ 체크리스트

□ 나는 얼마나 내 사업을 하고 싶은가?

지금 내가 누리는 모든 권리를 다 버리고서라도 내 사업을 하고 싶다면 그게 본심일 거다. 다른 대안이 없어서 할 수 없이 내 사업을 생각한다면 이는 위험한 선택이다. 어떤 대가를 치루더라도 내 사업을 반드시 해야겠다는 마음이 생길 때까지 기다려야 한다.

☐ 가족은 내 사업에 찬성하는가?

내 사업을 시작할 때 가장 큰 반대 세력은 가족이다. 내 사업을 시작하면 수입이 불안정하고 여유 시간이 부족하고 돈이 모자라기 쉽다. 가족은 그저 직장에서 월급을 받으며 안정적으로 생활하기를 바란다. 가족을 설득하는 작업은 가장 어려운 과정 중 하나다.

☐ 내 사업은 세상을 좋게 만드는가?

음료수 한 병을 팔더라도 이 세상에 도움이 되어야 한다. 나와 가족 그리고 이 세상이 좋아지는 일이 아니라면 내 사업으로 하면 안 된다. 이 세상을 좋게 만드는 일이라면 충분히 떳떳하게 자랑할 수 있다. 만약 내 아이에게 자랑하지 못할 사업이라면 시작도 하지 말라.

☐ 내 사업의 명분은 무엇인가?

사업의 명분은 마치 북극성과 같다. 내 사업을 하면서 방향을 잃거나 우왕좌왕할 때 나아갈 길을 알려주는 게 바로 사업의 명분이다. 명분이 좋으면 사업을 경영하기 수월하고 모든 직원이 한마음으로 나아갈 수 있다. 돈벌이는 명분을 실행하기 위한 수단에 불과하다.

의지 정말 내 사업을 하고 싶은지 백 번 천 번 물어 본다

미래를 생각할 때 반드시 만나는 질문이 있다. "나는 무엇을 하고 싶은가?"이다. 월급쟁이라면 '나는 무엇을 위해 직장에 출근하는가?'와 일맥상통하는 질문이다. 월급쟁이는 매일 직장에 출근하며 비슷한 일을 반복하지만 특별히 어떤 명분을 가지고 일하는 건 아닌 경우가 많다. 월급쟁이가 일을 하는 이유나 의미를 찾기 시작하면 괜히 머리만 아프다. 매달 월급이 나오니 그걸로 만족하면서 매일 출근할 뿐이다.

그러다가 직장에서 위기를 느끼면 뭐라도 해야만 한다는 강박관념이 생기게 된다. 강박관념에서 벗어나기 위해 내 사업을 생각해볼 수도 있다. 이런 경우엔 그 마음이 얼마나 진정성이 있는지 스스로도 알기 어렵다. 내 사업을 단순히 미래에 일어날 수 있는 하나의 가능성 정도로만 생각할 수도 있다. 내 사업은 위험한 선택이다. 그저 월급을 받으며 최대한 오래 버티는 게 현명할지도 모르겠다. 그럼에도 불구하고 내 사업을 하고 싶다면 정말 진심에서 우러난 생각인지 스스로에게 물어봐야 한다. 한두 번 묻는 게 아니라 백 번 천 번 반복해서 물어야 한다.

명분 | 내 사업의 명분을 찾는다

나는 무엇을 위해 내 사업을 하려 하는가? 돈을 벌어서 먹고살기 위해서인가? 단지 좋아 보여서인가? 나의 신념을 실현하기 위해서인가? 세상을 바꾸기 위해서인가? 그것도 아니면 경영자라는 명함이 좋아서인가?

내 사업을 생각할 때 가장 먼저 스스로에게 물어야 하는 질문이다. 내 사업을 하려는 이유가 바로 내 사업의 명분이다. 명분의 사전적 의미는 '일을 꾀할 때 내세우는 구실이나 이유'다. 예를 들어 '내가 가진 기술로 세상을 더 좋게 바꾸고 싶다'는 명분으로 사업을 시작한다고 치자. 이러한 명분으로 아이스크림 사업을 한다면 '이 세상에서 칼로리가 가장 낮은 아이스크림을 만들어 비만을 방지하고 싶다'는 생각을 하지 않을까. '집밥을 먹는 듯한 행복을 느끼게 하고 싶다'라는 명분을 내세운 식당도 있다. 명분이 좋으면 내 자식에게도 떳떳하게 말할 수 있다.

돈은 명분이 되기 어렵다. 돈을 벌려면 사업 아이템을 선정해야 하고, 사업 아이템을 선정하려면 이유가 필요하기 때문이다. 돈은 명분을 실현하기 위해 열심히 사업을 한 결과다. 또한 돈은 사업의 명분을 실현하기 위한 수단이다. 명분 없이 사업한다는 건 사업이 지향하는 목적지가 없다는 의미이다. 많은 경영자들이 말한다. '좋은 명분을 가진 사업을 하면 돈은 나중에라도 따라 온다'고.

쑥스럽지만 나의 경우를 소개하겠다. 2000년에 나는 도쿄대에 재직하면서 지식관리 연구를 하고 있었다. 어떻게 하면 개인의 지식을 조직 전체가 활용할 수 있을지가 중요한 관심사였다. 나는 내 연구의 슬로건을 '지식을 현금으로 바꾼다'라고 정하고 나름대로 열심히 연구하여 논문도 쓰고 학회에서 발표도 하였다. 그러던 중 문득 이상한 점을 느꼈다. 논문을 발표하려면 학회비도 내야 하지만 별도로 논문 게재비도 내야 한다. 학회에 가서 발표를 하면 참가비를 내야 한다. 국제학회는 주로 유명한 관광지에서 개최하는데 참가비가 수십만 원에 이른다. 왜 내가 열심히 연구한 내용을 다른 사람에게 알려주기 위해 돈까지 내야 하는 걸까? 만약 비즈니스 세계라면 내 이야기를 들으려는 사람이 돈을 내야 하는 게 상식이다. 그런데 학문 세계에서는 발표하는 사람이 돈을 낸다.

이런 생각을 거듭하다보니 연구에 대한 의문이 생겼다. 나는 왜 이 주제를 연구하는 걸까? 내 연구 주제는 세상에 실질적으로 도움이 되는가? 이를 필요로 하는 사람이라면 돈을 주고서라도 구입할 거다. 만약 내 연구에 아무도 관심이 없다면 나는 사회가 필요로 하지 않는 연구를 하고 있는 셈이다. 공과대학에서 하는 모든 연구는 직접적이든 간접적이든 사회에 도움이 되어야 한다. 생각이 여기까지 미치다보니 내 연구를 비즈니스 세계에 내놓고 싶어졌다. 내가 하는 연구 성과를 상품으로 만들어 팔면 반드시 팔릴 거라는 막연한 자신감도 있었다. 요즘 말로 표현하자면 기술 사업화를 모색한 셈이다.

막연히 내 사업을 생각만 한 지 2년이 지난 뒤 나는 대학에 사직원을 제출했다. 내 사업을 하겠다고 말하니 주변의 모든 사람들이 사회에서 존경받는 직장을 왜 그만두려고 하냐며 나를 만류했다. 총장도 나를 불러 도쿄대를 사직하고 사업을 하겠다는 사람은 처음 보았다고 했다.

나는 내가 가진 지식을 현금으로 바꾸고 싶었다. 연구 성과를 이용해 상품을 개발하고 이를 판매하는 과정은 곧 지식을 현금으로 바꾸는 일이다. 돈도 벌고 싶었다. 월급쟁이가 내 사업을 하려는 이유 가운데 으뜸은 돈이다.

나는 내 사업을 준비하고 시작한 당시에는 사업의 명분과 돈벌이의 관계를 명확하게 인식하지 못했다. 하지만 내가 만든 상품을 사용하는 고객을 만나 대화하면서 명확하게 깨달았다. 고객들은 모두 자신만의 고유한 업무가 있었다. 어떤 고객은 인사 관리를 하고 어떤 고객은 범죄 용의자를 추적한다. 어떤 고객은 특허를 분석한다. 모든 고객의 업무는 다르지만 한 가지 공통점이 있었다. 그들이 알고 있는 지식을 최대한 활용해서 업무 수준을 향상시키는 데 내가 만든 상품이 크게 공헌한다는 사실이었다. 이를 발견하고 많이 기뻤다. '지식을 현금으로 바꾼다'라는 나의 명분이 고객에게 통했기 때문이다.

돈을 벌기 위해서 사업을 시작했다 하더라도 내 사업을 시작하면 금방 알게 된다. 돈은 명분은 아니라는 사실을. 평생 동안 써도 다 쓰지 못할 만큼 큰돈을 번 사람이 여전히 내 사업을 하는 걸 보면 사업에는 돈이 아닌 다른 명분이 있는 게 분명하다. 실제로 내 사업을 하고 있는 사람에게 "왜 사업을 하십니까?"라고 물어보면 "재미있어서"라고 답하는 경우가 많다. 이 답을 자세히 들여다보면 그 안에 명분이 들어 있다.

명분 | 명분은 내 사업의 뿌리다

사업이란 온전히 나만을 위한 행위가 아니다. 사업과 관련된 모든 사람들에게 다 좋아야 한다. 좋은 일이란 내게 좋고 가족에게 좋고 이 세상이 좋아지는 일이다. 마피아나 조폭도 사업을 통해서 돈을 벌지만 이들이 하는 사업은 사회를 좋게 만들지 않는다. 음료수 하나를 팔더라도 세상에 도움이 되어야 한다. 예를 들어 포항에 지진이 일어났을 때 이재민들이 실내 체육관에 모여 며칠 동안 밤을 보내야 했다. 이런 상황에 처한 이재민에게는 음료수 한 병도 귀한 자원이다. 만약 음료수 사업을 한다면 내 사업으로 이재민에게 어떤 도움을 줄 수 있을지 생각해야 한다.

지진이 많은 일본에는 아예 재해 구조 자판기 사업이 있다. 평상시에는 일반 자판기처럼 음료수를 팔지만 지진 등으로 정전이 됐을 땐 비상 전원으로 전환되어 정해진 시간 동안 일정한 수량의 음료수를 시민들에게 무료로 제공한다. 자판기 기업은 시청이나 구청과 계약을 하고 재해에 대비해 음료수를 보관한다. 최근에는 재해 구조 자판기에 모니터와 경보장치를 탑재해 긴급 지진 속보와 쓰나미 경보를 빛과 소리, 영상으로 알릴 수 있게 했다. 귀가가 곤란한 사람을 피난 장소까지 유도하는 장치로도 활용된다. 이런 자판기를 운영하는 기업에는 사회를 위해 좋은 일을 한다는 명분이 있다. 명분이 있는 기업은 고객에게 떳떳하다.

좋은 명분을 지닌 회사에 고객들이 반응하면서 사업 규모가 저절로 커진 사례가 있다. 빵 아키모토는 인구 10만 명의 작은 도시에서 60여 년 동안 운영해온 기업이다. 직원 60명에 매출은 50억 원 정도다. 창업자인 아키모토는 회사 규모가 작을 때부터 지진이나 재해를 당한 사람들에게 빵을 기부하였다. 자신이 가장 잘 하는 일이 빵 만들기이니 빵으로 사람들을 돕겠다고 결심을 세웠다. 1995년 한신 아와지 대지진이 발생했다. 이때도 자연스럽게 빵 2,000개를 기부했다. 그런데 지진이 워낙 크게 나다 보니 도로가 파손되어 재해 지역까지 빵을 운반하고 사람들에게 배포하는 데 시간이 너무 오래 걸렸다. 결국 기부한 빵의 절반 이상을 폐기해야 했다. 이런 사실을 안타깝게 여긴 아키모토는 빵을 오랫동안 보존할 수 있는 기술을 개발했다. 바로 빵 통조림이다. 통조림에 넣은 빵은 3년 이상 신선한 상태로 보존할 수 있다. 이재민은 이 빵을 먹어가며 재해 지역에서 며칠 버틸 수 있다. 하지만 아키모토는 이재민의 입장이 되어 생각해보았다. 아무리 이재민이라도 계속해서 같은 맛의 빵만 먹으면 질려버릴 것이다. 그는 25가지 맛의 빵을 개발하여 통조림에 넣었다. 재난 시에 계속해서 빵을 먹어도 맛이 다르니 질리지 않았다.

현재 빵 통조림은 돈을 받고 파는 상품이다. 많이 팔아야 개발비도 회수하고 새로운 상품도 개발할 수 있다. 아키모토가 특별한 영업 활동을 벌이지 않았는데도 '빵으로 사람을 돕는다'는 명분을 높이 평가한 기업과 학교에서 재난 방지용으로 빵 통조림을 대량 구입했다. 통조림 한 개의 가격이 4,000원 정도 하는데 현재 300개 이상의 단체에서 정기적으로 대량 구입해 비축하고 있다. 아키모토의 활동은 여기서 그치지 않았다. 단체에서 구입한 지 2년이 경과한 상품은 전량 회수한다. 그 대신 새로운 상품을 약간 할인한 가격으로 교환해준다. 회수한 상품은 전량 재해 지역이나 극빈 지역으로 보낸다. 비정부기구NGO와 협력해 수마트라 섬 지진, 아이티 지진, 동일본 지진, 짐바브웨 아사 지역 등 전 세계로도 보낸다. 지금까지 기부한 빵 통조림은 30만 개 이상이다.

명분이 훌륭해서 찬동하지 않을 수 없는 사례가 또 있다. 이 세상에는 깨끗한 물조차 마음대로 마시지 못하는 사람이 많다. 이런 사람들에게 적어도 '물 만큼은 안심하고 마시자'를 명분으로 사업을 진행하는 기업이 있다. 일본의 폴리글루라는 기업이다. 직원은 30명이 조금 넘으며 매출은 100억 원 정도다. 주요 상품은 필터형 정수기인데 세계 40개국에 수출한다. 이 기업은 방글라데시나 소말리아 같은 극빈국에 정화수 시설을 무료로 설치해주고 정화제를 유료로 판매한다. 정화제 분말을 물에 넣고 휘저으면 불순물을 분리할 수 있다. 이를 제거하기만 하면 물을 그대로 마실 수 있다. 이 회사에서 판매하는 폴리글루탐산이라는 물질을 이용한 정화제 100그램으로 1톤의 물을 정화할 수 있다. 계산해보면 10만 원으로 200톤의 정화수를 만들 수 있는 셈인데 이는 주민 2,500명이 한 달 반 동안 마실 수 있는 양이다. 극빈국에서도 충분히 감당할 수 있을 정도의 가격이다. 그러나 극빈국 주민들은 대부분 수입원이 없다. 그래서 이들을 위해 현지에서는 '폴리글루 보이'라는 정화수 배달원 제도를 운영한다. 현재 7,000가구와 계약하여 정수를 배달하고 있으며 각 가구는 마트에서 판매하는 물의 100분의 1 가격으로 정수를 마실 수 있게 되었다. 정수 서비스로 극빈국 주민이 깨끗한 물을 마실 수 있게 된 동시에 지역에는 고용을 창출하였다. 아프리카 탄자니아에는 정수 시설을 7군데 설치했는데 이곳에 물을 받으러 오는 사람이 늘어나면서 주변에 상가가 형성됐다. 정수 시설에서 물을 대량으로 구입해 이동 판매하는 기업도 생겼다. 가격은 20리터에 60원인데 이 정도 양이면 한 가정에서 한 달 동안 사용할 수 있다. 아무리 작은 기업이라도 명분이 뚜렷하면 반드시 이에 찬동하는 고객이 나타난다.

사업을 나무에 비유하자면 명분은 사업의 뿌리와 같다. 뿌리가 튼튼하지 않으면 나무는 살아남지 못한다. 뿌리가 깊고 넓으면 나무의 줄기와 잎이 마음껏 성장할 수 있다. 원하는 만큼 과실도 맺을 수 있다. 시장이 안정적이고 미래의 변화가 명확하게 보이면 현재의 시장을 근거로 나아갈 방향을 정하면 된다. 하지만 대부분의 시장은 복잡하고 변화가 심하다. 시장 상황은 수시로 변하기 때문에 새로운 사업 기회를 지속적으로 만들기도 힘들다. 이런 때 일수록 명분이 가장 중요한 기준이 된다.

명분이 얼마나 중요한지 내 경험을 하나 소개하겠다. 일본에서 하던 사업을 그만두고 카이스트에 부임한 후로 나는 많은 일본 경영자를 특강 연사로 초빙했다. 주제는 일본식 경영이다. 우리나라에는 일본식 경영을 깊이 이해하고 일본 경영자의 특징을 아는 사람이 많지 않다. 일본 기업은 도대체 어떤 사람이 경영할까? 일본 경영자와 일본식 경영에 대해 궁금해하는 사람이 많아서인지 특강에는 항상 많은 교수와 학생이 참석하였다. 이들은 일본 경영자와 일본식 경영에 대해 처음 접하는 경우가 대부분이었다.

참석자들은 강연 내용 외에도 주로 나에게 이런 질문을 하였다. "일본 경영자는 어떤 인연으로 초청할 수 있었나요?", "초청에는 비용이 얼마나 들었나요?" 내 답변을 들으면 모두들 놀랐다. 특강하러 오기 전까지는 일면식도 없던 경영자가 대부분이며 이들 모두 자비로 한국까지 왔기 때문이다. 일본에서 대전에 있는 카이스트까지 와서 두 시간 강연을 하려면 총 3일이 필요하다. 경영자가 3일이나 시간을 내긴 정말 어렵다. 더군다나 강연료도 없다. 그런데도 수십 명의 일본 경영자들이 대전까지 와서 어린 학생을 앞에 두고 강연을 했다. 왜 그랬을까? 그들의 사업에 어떤 도움이 되기에 선뜻 무료 강연을 하는 걸까?

호리바 제작소를 창업한 호리바 마사오 회장을 강사로 초청했을 때다. 호리바 회장은 교토대학을 다니다가 전쟁에 학도병으로 나갔다. 전쟁에서 살아남은 호리바 회장은 다시 대학으로 돌아갔다. 연구자가 되고 싶은 꿈을 이루기 위해서다. 그러나 현실은 처참했다. 실험실은 폐허가 되어 있었고 도저히 실험할 수 없는 형편이었다. 호리바는 대학을 포기하고 스스로 회사를 만들었다. 그래서 이 회사는 '일본 최초의 대학 출신 벤처'라고 불린다. 지금은 6,000명의 직원이 1조 원 이상의 매출을 올리고 있으며 계측 분야에서는 글로벌 톱 기업으로 꼽힌다. 호리바 회장은 그의 신념인 '즐겁고 재미있게'를 회사의 슬로건으로 정하는 등 괴짜 경영자로 유명하다. 나도 호리바 회장에 대한 내용은 많이 알고 있었다. 하지만 직접적인 인연은 없었으며 만난 적도 없었다.

나는 어떻게 해서든 학생들에게 호리바 회장의 이야기를 직접 듣게 해주고 싶었다. 어떻게 하면 이분을 카이스트로 모실 수 있을까? 궁리를 거듭한 끝에 나는 호리바 제작소 비서실로 이메일을 보냈다.

'호리바 회장님은 과학기술의 발전을 위해 중요한 회사를 창업하고 크게 성장시킨 경영자입니다. 이런 분의 지혜는 일본의 젊은이만이 아니라 한국의 젊은이에게도 필요합니다. 국적을 떠나 동 시대를 살아가는 사람으로서 한국의 젊은이에게 지혜를 나누어 주십시오. 저는 회장님을 전혀 알지 못합니다. 하지만 인생의 후배로서 선배님께 간곡히 부탁드립니다. 카이스트에서 강연을 해주십시오. 한국을 방문하시는 비용도 자비로 부담해주시면 감사하겠습니다.'

며칠 후 비서실에서 연락이 왔다. 카이스트가 어떤 기관이냐고 물었다. 대학이라고 했더니 놀라는 눈치다. 카이스트는 한국과학기술원이 정식 명칭이다. 대학이라는 단어가 포함되지 않았으니 대학인줄 몰라도 어쩔 수 없다. 하지만 호리바 회장은 나의 간곡한 요청을 받아들였다. 한 달쯤 지난 후에 호리바 회장은 비서를 대동하고 서울에 왔다. 이 소식을 들은 어느 신문 기자가 취재를 요청하는 바람에 호텔에서 장시간 인터뷰도 하였다. 인터뷰 기사⁕는 신문에 대문짝만하게 실렸다.

호리바 회장은 한국 지사장이 운전하는 차량을 이용해 대전에 있는 카이스트를 방문했다. 학생들을 앞에 두고 호리바 회장은 먼저 양해를 구했다. "제가 오랫동안 서 있기가 불편한데 앉아서 강의해도 좋겠습니까?" 이때 호리바 회장의 연세는 85세였다. 호리바 회장이 일본어로 강의하면 내가 이어서 한국어로 통역하는 방식으로 90분간 강의가 이어졌다. 질의응답 시간에는 너무 많은 질문이 나와서 다 받지를 못했다. 강의가 끝나고 호리바 회장은 솥뚜껑같이 큰 손으로 학생들과 일일이 악수를 하면서 격려해주었다.

호리바 회장은 왜 나의 요청을 기꺼이 받아들였을까? 3일이라는 긴 시간을 내고 비서에 한국지사장까지 대동하고 움직였는데 이런 비용을 왜 자비로 부담하였을까? 부자라서? 내가 간곡하게 요청해서?

내가 생각하는 답은 '명분'이다. 호리바 회장은 인생의 후배에게 지혜를 나누어 준다는 명분을 높이 샀다. 만약 내가 어쭙잖은 인맥을 동원해 강연을 부탁했다면 틀림없이 거절했을 거다. 인맥이 없고 아는 사람이 없어도 내가 하는 일이 세상에 좋은 일이

⬤ 〈"사람 자르는 건 영미식⋯ 고용유지 경영이 결국 승리"〉, 한겨레, 2009년 4월 28일.

라는 명분만 확실하면 이에 찬동하는 사람은 얼마든지 나타난다.

인맥이라는 말이 나온 김에 한마디 덧붙이고 싶다. 인맥이라는 용어에 너무 현혹되지는 말자. 내 사업을 위한답시고 억지로 인맥을 만들 필요도 없다. 사람은 누구나 이기적이다. 언젠가는 나에게 이익이 될지 모른다고 생각하는 사람을 나의 인맥이라 부른다. 상대방도 역시 마찬가지다. 그는 언젠가는 이익이 될지 모른다고 생각하고 나를 자신의 인맥이라고 부른다. 그러므로 인맥이라는 단어에는 나에게 도움이 되어야 한다는 이기심이 붙어 있다. 나에게 도움이 되지 않는 사람을 굳이 인맥이라며 챙기는 사람은 없을 거다.

언젠가 내 사업을 하고 싶은 사람은 미래의 도움을 상상하면서 의식적으로 인맥을 쌓는다. 오죽하면 점심은 혼자 먹지 말라는 말이 있을까? 누군가를 만나고 누군가와 식사를 하면서 상대방을 나의 인맥이라고 생각한다.

하지만 현실은 다르다. 지금 당장 책상 서랍을 열어보면 지금까지 받아 둔 명함이 수북하게 쌓여 있다. 이 명함 중에서 내가 언제라도 전화할 수 있고, 도움을 요청할 수 있는 사람이 몇 명이나 될까? 한 명도 없을지 모른다. 정말 나를 위하는 사람이라면 수북이 쌓인 명함들 사이에 있지도 않을 거다.

서로 모르는 사람끼리도 여섯 명만 통하면 연결된다는 케빈 베이컨의 법칙이 있다. 우리나라는 인구도 적으니 지금 내가 알고 있는 사람만으로도 누구하고나 연결될 수 있다. 인맥이라는 표현을 쓰든 말든 내가 언제든지 연락하고 만날 수 있는 사람은 어느 정도가 한계일까? 옥스퍼드 대학의 로빈 던바 교수는 친구는 150명이 최대치라고 주장한다.[*] 인맥을 늘린답시고 각종 친목회에 동창회에 세미나에 참석해 명함을 수천 장 주고받아도 의미가 없다는 말이다.

● 《발칙한 진화론》, 로빈 던바 지음, 21세기북스, 2011년.

2
WHAT — 사업 아이템:
'무엇을' 상품으로 할까

$\mathbf{Q}$ 내 사업에서는 '무엇을' 상품으로 할까?

사업을 시작하는 시점에 구비할 상품을 정해야 한다. 다른 기업의 상품을 구매해서 판매할 수도 있고 내가 가진 기술로 독자적인 상품을 개발할 수도 있다. 사업을 진행하면 고객이 생기고, 고객의 니즈에 맞춰 자연스럽게 상품이 다양해진다. 상품 구상은 끝이 없는 작업이다.

✓ 체크리스트

☐ **사업 아이템은 구체적인가?**

사업을 시작하기 전에는 아이템이 막연할 수밖에 없다. 막연한 생각에서 출발해서 점점 구체적인 아이템으로 발전하는 게 일반적인 경로다.

아이템이 구체적으로 정해지면 이를 바탕으로 사업 계획서를 상세하게 작성할 수 있다.

□ 사업 아이템은 나의 스토리와 어울리는가?

내가 지금까지 살아오고 경험한 스토리와 어울리는 사업 아이템이 좋다. 고객에게 설명하기도 쉽고 고객도 쉽게 수긍한다. 전문성이 강한 아이템일수록 나만의 스토리가 필요하다. 만약 지금까지 요가 강사를 하던 사람이 인공 지능 스피커를 개발하겠다고 하면 선뜻 이해하기 어려울 거다.

□ 나에겐 쉽지만 다른 사람에게는 어려운 사업 아이템인가?

혼자서도 할 수 있어야 나의 사업 아이템이 된다. 하지만 누구라도 쉽게 할 수 있는 아이템은 좋은 사업 아이템이 아니다. 닭의 생태도 모르고 요리 기술도 없는 사람이 치킨 가게를 창업하는 경우와 같다. 다른 사람이 쉽게 따라 하지 못할수록 나에게는 좋은 아이템이 된다.

□ 고객의 불편을 해소하는 아이템인가?

고객을 만족시키는 아이템보다 불만을 없애는 아이템이 훨씬 좋다. 힘들고 더럽고 위험한 일이라면 누구나 피하고 싶다. 이런 일에는 반드시 수요가 있다. 시간이 많이 걸리고 귀찮은 일 역시 항상 수요가 있다. 수요가 있는 곳에는 공급자도 필요하다.

□ 내가 1등 하는 아이템인가?

어떤 분야든 항상 경쟁자가 있다. 단 하나뿐인 '온리원'을 찾으라고 하지
만 이 역시 오래가지 않는다. 사업이 잘된다는 소문이 나면 즉시 수많은
경쟁자가 등장한다. 어떤 기업과 경쟁해도 내가 1등 할 수 있는 아이템
이 필요하다.

발견 추상적인 개념만으로는 사업 아이템을 찾을 수 없다

내가 가르치던 한 학생이 면담을 하러 왔다. 본인이 연구하고 싶은 분야가 있는데 이에 대한 교수의 평가를 듣고 싶다고 했다. "어떤 분야를 연구하고 싶어?" 물어보니 '기술 경영'을 연구하고 싶다고 했다. 기술 경영은 폭이 넓으니 이 중에서도 어떤 분야를 연구하고 싶으냐고 물었다. 이런 식으로 스무고개를 거친 후에야 드디어 이 학생이 연구하고 싶은 주제가 '제조업의 서비스화'라는 사실을 알 수 있었다.

사업 아이템도 마찬가지다. 막연하게 내 사업을 구상만 하는 단계라면 사업 아이템이 추상적이기 쉽다. 그러면 너무 많은 아이템을 떠올리게 된다. 해양 사업에서 우주 사업에 이르기까지 광범위한 분야의 유망한 아이템이 넘쳐난다. 큰 범위에서 외국의 사례를 인용하기도 한다. 수없이 많은 아이템이 떠오르다 보니 나는 사업의 천재인가 걱정될 정도다. 게다가 나에게는 무한한 가능성이 있다. 하지만 가능성은 가능성일 뿐이다. 추상적인 개념은 듣기에는 좋아도 그대로 실행할 수는 없다. 실행을 위해서는 구체적인 아이템이 필요하다.

먼저 최대한 많은 아이템을 생각한다. 이 중에서 몇 개의 아이템만 선택해서 하나하나 따져봐야 한다. 이 과정을 거치면 처음에는 아이템이 많다고 생각할 수 있지만 어느 틈엔가 다 사라

진다. 내가 할 수 있고 또 하고 싶은 아이템은 하나를 찾기도 쉽지 않다.

사업 아이템을 정했다고 해도 실제로 이 아이템으로 사업을 할지 여부는 장담할 수 없다. 실제로 사업을 시작하고 나서 얼마 지나지 않아 전혀 다른 아이템으로 바뀌는 경우도 비일비재하다. 발견하고 평가하기 위해 아이템을 궁리하는 작업은 좋든 싫든 수없이 반복할 수밖에 없다. 누가 시키지 않아도 스스로 반복하게 된다.

내 사업을 위한 단 하나의 아이템을 찾는 과정은 쉽지 않다. 내 능력으로 실행할 수 있으려면 규모가 작고 비용이 적게 들며 구체적인 아이템이어야 한다. 사업을 막 시작한 상태에서는 누구나 약자다. 약한 자의 전략은 간단하다. 선택과 집중이다. 사업을 시작할 땐 내가 하려는 사업 아이템만 남기고 나머지는 모두 버려야 한다.

발견 '어디를 보는지' 보다 '어떻게 보는지'가 더 중요하다

흔히들 '무얼 해서 먹고 살지?'라고 말한다. 그 무엇에 해당하는 알맹이가 바로 사업 아이템이다. 사업 아이템은 하나 정했다고 끝이 아니다. 내 사업을 하는 동안 끊임없이 사업 아이템을 궁리

하게 된다. 다른 나라의 사례도 눈여겨볼 필요가 있는데 특히 우리나라보다 국민소득이 높은 나라의 시장을 주의 깊게 살펴봐야 한다. 소득이 높은 나라에서 유행하는 상품은 언젠가 국내에도 도입될 가능성이 크기 때문이다. 외국 자료를 읽어봐도 좋다. 바깥 세상이 어떻게 돌아가는지 알 수 있다. 우물 안의 개구리처럼 주변만 바라보지 말고 세상이 어떻게 돌아가는지 알아야 한다. 세상이 흘러가는 방향을 알면 알수록 유리하다. 외국과 국내의 다른 점을 비교해도 좋다. 서로 다른 지점에 사업 아이템이 있기 때문이다.

다른 나라의 사례를 찾거나 자료를 읽는 것 외에 더 중요한 작업이 있다. 관찰이다. 내 사업 아이템을 찾으려면 관찰이 중요하다. 지금 내가 알고 있는 지식이나 경험은 일종의 편견이 되어 내 사업 아이템을 찾는 데 오히려 방해가 될 수 있다. 내가 지금 알고 있는 사실이 전부이고 직접 해본 경험만이 진리라고 확신하면 새로운 내용을 보지 못한다. 과거의 지식과 경험을 완전히 없앨 수는 없다. 효과가 가장 좋은 유일한 방법은 덮어쓰기다. 관찰에서 얻은 새로운 지식과 경험으로 과거의 지식과 경험을 덮어쓴다.

관찰을 하면 세상의 변화를 이해함과 동시에 나의 편견을 없앨 수 있다. 관찰에서 중요한 포인트는 '어디를' 보는지가 아니다. '어떻게' 보는지다. 관찰하면서 가능한 한 사진을 많이 찍는

게 좋다. 관찰할 때 사진을 찍고 나중에 보면 지금까지 보지 못했던 새로운 부분이 보이기 때문이다. 눈으로 관찰할 당시에는 편견이나 선입관을 가지고 보기 때문에 보이지 않던 부분이다. 신경 써서 관찰하면 대상이 더 자세하게 보인다. 마치 카메라 렌즈와 같다. 초점을 맞추면 선명하게 보이지만 초점이 어긋나면 희미하게 보인다.

관찰에서 얻은 지식을 바탕으로 성공한 기업이 있다. 진스라는 기업이다. 이 기업은 현재 일본에서 가장 많은 안경을 판매하고 있는데 속도가 빠른 게 특징이다. 고객이 매장을 방문해 프레임과 렌즈를 선택하면 30분 후에 고객에게 완성된 상품을 전달할 수 있다. 특히 세계 최초로 안경 가공 자동화 설비를 개발해 10분이면 안경 제작이 완성되도록 했다.

이 기업의 창업자는 남대문 시장에서 힌트를 얻었다고 말한다. 그는 관광차 남대문 시장에 들렀다가 어느 안경점에서 '15분에 제작하고 가격은 3만 원'이라는 문구를 보았다. 과연 제대로 된 상품을 이렇게 빨리 만들 수 있는지를 확인하기 위해 실제로 주문을 해보았더니 정말 전혀 문제가 없는 안경이 완성되었다. 한국의 '빨리빨리 문화'를 접하고 충격을 받은 그는 왜 일본에서는 가격도 열 배인 안경을 완성하는 데 여러 날이 걸리는 건지 고민했다. 유통이 문제였다. 그렇다면 이를 해결할 수 있는 방법은 무엇일지 궁리했다. 그는 각 점포에 렌즈를 다량 보관함으로써

30분 완성을 실현하였다.

　남대문 시장의 고객은 일본 관광객보다 한국인이 훨씬 더 많다. 하지만 15분 안경 맞춤을 관찰하고 이를 내 사업에 응용해 성공한 사례는 진스가 유일하다. 어떻게 보는지에 따라 결과가 이렇게 달라진다.

발견 　도시 산책은 훌륭한 관찰 방법이다

사업 아이템을 찾으려고 하면 이리저리 눈길이 가는 곳이 있다. 눈길이 간다는 건 내가 관심을 가지고 있다는 의미다. 같은 대상을 주기적으로 관찰하는 행동을 '정점 관찰'이라고 한다. 나는 주말마다 도시를 산책하는데 이는 내가 세상을 정점 관찰하는 한 가지 방식이다. 도시를 산책하면 눈에 들어오는 게 많다. 만약 속이 출출해서 식당에 들어간다고 하자. 여기서도 많은 게 눈에 들어온다. 종업원이 노닥거리고 있는 식당은 문제가 있다. 종업원이 사용하는 언어도 귀에 들어온다. 실제로 "고객님, 잔돈 나오셨습니다"처럼 잘못된 표현을 들으면 뭐라고 대답해야 할지 망설여진다. 식당을 나와 백화점에 가면 다양한 상품이 진열되어 있다. 우리나라는 스마트폰, TV, 냉장고, 자동차, 선박을 다 만드는 나라다. 이런 나라는 전 세계에 몇 안 된다. 내가 헝가리에서 회사를 만들었을 때 수도인 부다페스트의 최신 백화점에 상품 종류가 너무 적은 걸 보고 놀란 적이 있다. 우리나라는 상품이 정말 다양하고 풍부하다. 선택의 폭이 매우 넓다. 다채로운 상품을 보면서 다양한 사업 아이템을 연상할 수 있다.

외국에서든 국내에서든 별다른 일이 없는 휴일에는 도시를 산책한다. 장비라고 해봐야 수첩과 카메라 정도만 있으면 충분하다. 도시 산책은 간단해서 좋다. 특별히 목적지를 정하지 않고 걷는데 한 시간 정도 걸으면 잠깐 쉰다. 또 다시 한 시간 걷고 잠깐 쉰다. 도시를 걸으면 눈에 들어오는 게 많다. 새로 생긴 가게도 보이고 빌딩의 창문도 보인다. 현수막에 뭐가 쓰여 있는지도 보인다. 재래시장에 갈 때도 있다. 시장에 가서 이리저리 둘러보면 고객의 특징도 눈에 들어오고 관광객의 변화도 눈에 들어온다. 도시를 정기적으로 산책하다보면 기술의 변화, 문화의 변화, 습관의 변화, 소득의 변화처럼 딱 부러지게 설명하기 어려운 변화들도 어느 정도 피부로 느낄 수 있다.

발견 똑같은 걸 보더라도 입장에 따라 눈에 들어오는 게 다르다

시내 곳곳에는 경쟁 기업들이 한 곳에 집중적으로 모여 있는 거리가 있다. 먹자골목, 보석 타운, 화장품 타운, 빵집 거리와 같은

곳이다. 만약 관심이 가는 곳이 있다면 직접 가서 눈으로 봐야 한다. 틈날 때마다 가보면 갈 때마다 새로운 게 눈에 들어온다. 알면 알수록 더 많이 보인다. 보고 싶은 부분도 더 많이 생긴다. 많이 보인다는 건 그만큼 시야가 넓어졌다는 말이다. 시야가 넓어진 만큼 지식이 늘어나고 지식이 늘어나는 만큼 시야도 넓어진다.

시야가 얼마나 좁아질 수 있는지는 일상을 잠깐만 돌아봐도 금방 알 수 있다. 예를 들어 신발을 사고 싶어지면 나도 모르게 지나가는 사람들이 신은 신발만 눈에 들어온다. 헤어스타일이 어떠한지는 눈에 들어오지 않는다. 이번 주말에 이발을 할까 하는 생각이 들면 나도 모르게 지나가는 사람들 머리만 보게 된다. 어떤 신발을 신었는지는 눈에 들어오지 않는다. 신발을 신었는지 여부도 모른다.

심리학 실험 중에 '보이지 않는 고릴라 실험'이라는 게 있다. 두 팀이 농구를 하는데 한 팀은 흰색 티셔츠를 입고 다른 팀은 검은색 티셔츠를 입었다. 두 팀은 서로 농구공을 주고받는다. 영상의 재생시간은 약 25초다. 이 영상을 학생들에게 보여주고 흰색 티셔츠를 입은 팀끼리 패스한 횟수를 세라고 요구했다. 학생들은 집중해서 영상을 보면서 패스한 숫자를 세었다. 이 영상 중간에 고릴라 복장을 한 사람이 공을 주고받는 사람들 가운데로 걸어와 가슴을 두드리고 퇴장한다. 그런데 패스한 횟수를 세는 데 집중한 학생은 고릴라가 등장했다는 사실조차 알지 못했다. 영상을 본 학생의 절반은 고릴라를 보지 못했다. 그래서 이를 '보이지 않는 고릴라 실험'이라고 한다. 이 실험은 위에서 소개한 신발, 머리와 같은 맥락이다. 특정한 부분에 집중하면 나머지에 대한 인식 능력이 현저하게 떨어진다.

시야가 이렇게까지 좁아질 수 있다는 사실을 인식했다면 이 문제를 해결하는 방법도 궁리할 수 있다. 내가 주로 쓰는 방법은 '입장 정하기'이다. 어떤 상황을 관찰하기 전에 먼저 나의 입장을 정한다. 똑같은 식당에 가더라도 어린이와 노인, 외국인의 입장은 다르다. 경영자와 고객의 입장은 말할 필요도 없이 서로 다르다. 입장이 다르면 보이는 부분도 당연히 달라진다. 이런 한계를 극복하기 위해 다양한 입장에서 관찰한다. 같은 장소를 여러 번 반복해서 관찰한다면 오늘은 고객 입장이 되어보고 다음에는 납품업자 입장이 되어보도록 하자. 내 사업을 생각하는 사람이라고 해서 무조건 고객 아니면 경영자 관점에서만 보아야 한다는 인식도 일종의 편견이다.

관찰할 때 어떤 입장인지를 미리 정하면 지금까지 보지 못했던 현상이 눈에 보인다. 입장이 바뀌면 무엇이 어떻게 다른지 이유를 생각하게 된다. 이런 작업을 반복하면 자연스럽게 시야가 넓어진다. 만약 오늘 저녁에 갈비 식당에 간다고 하자. 어떤 입장인지에 따라 궁금한 점이 달라진다. 어떤 점이 궁금한지를 생각해보면 역으로 당신의 입장은 무엇인지 추측할 수도 있다.

A 경영학자 이 식당이 성공한 원인을 분석하려면 어떤 프레임이 좋을까?

B 경영자 어떻게 하면 나도 이렇게 성공할 수 있을까?

C 세무서 세금은 제대로 내고 있을까?

D 소방서 화재 대책은 제대로 방비되어 있을까?

E 고객 생갈비와 양념갈비 중 무엇을 먹을까?

F 내 사업을 하고 싶은 사람 이 정도 식당을 열려면 자본이 얼마나 있어야 할까? 주방장은 어디서 찾아야 할까?

주말에 쇼핑 타운을 관찰하기로 마음먹었다고 하자. 이 역시 입장에 따라 눈에 들어오는 게 다르다.

A 고객 한 곳에서 효율적으로 쇼핑할 수 있으니까 좋다. 주차장도 넓고 매장도 넓으니 쇼핑하기 편하다.

B 유통업자 한 곳으로 쉽게 배달할 수 있어서 좋다. 같은 상품을 판매하는 매장이 한데 집중해 있으니까 거래비용도 낮아진다.

C 같은 쇼핑타운에서 서로 경쟁하는 기업 경쟁자들이 모두 한 곳에 모여 있으니까 차별화를 내세우기가 좋다. 경쟁은 심하지만 브랜드가 다양하고, 고객이 모여 드니까 집객은 일단 성공이다. 주력 상품은 모든 경쟁자가 다 비슷하지만 어차

피 고객도 이를 알고 온다.

D 내 사업을 하고 싶은 사람 고객의 동선을 살핀다. 임대료가 저
   렴하면서도 고객이 접근하기 쉬운 위치는 어디인지 확인한
   다. 고객이 가장 많이 모이는 매장을 찾는다.

입장은 얼마든지 다양하게 바꿀 수 있지만 내가 가장 중요
하게 여기는 입장은 '내 사업을 하고 싶은 사람'이다. 만약 내가
이 쇼핑타운에서 매장을 구하고 사업을 시작한다면 어떤 사업
아이템이 좋을까 생각하면서 관찰한다. 사람들은 왜 이 쇼핑타
운에 올까 궁금하다면 고객의 입장이 되어 사람들을 관찰해본
다. 경영자 입장이 되어 미래의 경쟁 기업을 관찰할 때에는 매장
이 얼마나 깨끗한지 관찰한다. 매장 바닥이 깨끗하게 청소되어
있다면 매우 좋은 매장이다. 이런 매장이라면 벤치마킹해서 내
사업에 참고한다. 매장 여기저기 먼지가 쌓여 있고 유리창이 깨
져 있다면 위험한 매장이다. 이런 매장은 반면교사로 삼는다. 매
장에 들어서는데 화분이 있다면 잘 손질되어 있는지 살핀다. 어
항이 있다면 죽은 금붕어가 있는지 본다. 상품은 제대로 정리되
어 있는지 본다. 쇼핑타운을 한 바퀴만 돌면서 관찰해도 배울 점
이 산더미처럼 많이 나온다.

발견 가장 중요한 관찰은 나 자신에 대한 관찰이다

관찰할 때에는 대인 관찰과 지역 관찰을 의식해도 도움이 된다. 대인 관찰이란 예를 들어 매장에서 종업원 한 명에게 집중하여 관찰하는 방식이다. 한 명의 종업원을 선택해서 집중 탐구하고 움직임을 추적한다. 지역 관찰이란 특정한 지역을 선택해서 관찰하는 방식이다. 예를 들면 한 매장을 여러 구역으로 나눈 뒤 한 군데를 집중적으로 관찰하는 방식이다.

　참여 관찰도 좋은 방법이다. '참여'야 말로 가장 깊이 있는 관찰 방식이다. 다른 사람들의 생활현장에 실제로 뛰어들어 그들의 행동과 주변 환경을 관찰하면서 대상을 이해하는 방식이다. 예를 들어 냉장고를 만드는 기술자가 고객의 집을 방문해 며칠 동안 주부의 움직임을 관찰한다고 하자. 쇼핑에 동행하고 사회 활동을 함께하기도 한다. 며칠 동안이라도 고객의 생활에 직접 참여하면 기술자의 입장에서는 알 수 없었던 많은 상황이 눈에 들어온다. 고객에 대한 깊은 이해도 가능해진다. 고객의 주거 환경, 주거 특징, 소유물 등에서 생활의 특징도 알 수 있다. 참여 관찰을 하면 원래 의도했던 정보를 수집하는 데서 그치지 않고 전혀 의도하지 않았던 새로운 사업 아이템을 발견할 수도 있다. 관찰하는 과정을 통해서 나의 편견이나 선입관도 바뀐다. 기존의 상식을 벗어나서 전혀 다른 시각을 얻고 싶다면 참여 관찰이

좋은 수단이 된다.

대형서점에 가면 갈 때마다 신간이 많이 나와 있다. 그런데 재미있는 현상이 있다. 대형서점 세 곳만 가봐도 진열한 책이 각각 다르다. 왜 그럴까? 서점마다 신간을 진열한 의도가 다르기 때문이다. 어떤 서점은 지난주의 베스트셀러를 진열한다. 어떤 서점은 매대를 출판사에 대여해주고 출판사 마음대로 진열하게 한다. 또 어떤 서점은 각 분야의 담당자가 독자들이 읽었으면 하는 서적을 선별해 진열한다. 서로 비교하며 관찰할 수 있어야 한다. 비교하지 못하면 완전한 관찰이 아니다. 우리가 쇼핑할 때 의식적으로 몇 군데 비교해보고 사는 습관처럼 관찰 역시 여러 군데를 비교해야 한다.

비교를 하려면 비교할 대상이 필요하다. 만약 그 분야의 최고 수준을 경험해봤다면 비교하기 쉽다. 내 사업을 하려면 관련된 최고 수준의 서비스를 경험해보거나 그 분야에서 최고인 사람을 만나보는 게 도움이 된다. 최고는 다른 최고와 어떻게 연결되어 있는지 생각해본다. 최고로 잘나가는 식당이라면 이 식당의 식자재 역시 최고일 가능성이 높다. 최고 호텔, 최고 식당, 최고 여행, 최고 강의, 최고 고수를 만나본다. 어느 최고 수준의 디자이너는 '최고 감각'을 유지하기 위해서 최고로 좋은 스포츠카를 타고 다닌다는 사람도 있다.

관찰의 대상에는 나 자신도 포함된다. 내 사업의 주인공은

나 자신이기 때문에 가장 중요한 관찰 대상이라 할 수 있다. 내가 하는 관찰법을 소개하겠다. 나는 매일 아침 출근하면 전신 사진을 찍는다. 항상 거의 비슷한 시간에 찍는다. 이 사진을 한꺼번에 보면 내 몸의 미세한 변화를 눈치 챌 수 있다. 매일 아침저녁으로 체조를 하는데 이 역시 내 몸의 이상 여부를 알려주는 신호가 된다. 나 자신에 대한 정점 관찰인 셈이다.

나에 대한 관찰에는 과거를 돌이켜보는 관찰도 있다. 특히 유치원이나 초등학교 저학년 때 무엇을 하며 놀았는지 돌이켜 보면 나의 특성을 알 수 있다. 예를 들어 축구를 했다고 하자. 나는 왜 축구를 하며 놀았을까? 축구라는 종목을 좋아했는지, 운동을 좋아했는지, 팀플레이를 좋아했는지 생각해본다. 만약 운동을 좋아했다면 아웃도어나 야외에서 몸을 써서 활동하는 업무가 잘 어울릴 거다. 건설 회사라면 현장에서 건축물을 시공하거나 감리하는 업무가 맞을 거다. 총무나 경리라면 일이 재미없을 가능성이 높다. 만약 팀플레이를 좋아했다면 혼자서 움직이는 교사보다 팀으로 움직이는 경찰이 어울릴 거다. 축구할 때 공격수를 하고 싶었다면 현장 기술자보다 영업이 어울릴 가능성이 높다. 일의 성과가 쉽게 눈에 나타나기 때문이다. 과거의 나를 관찰한 결과를 현재의 나에게 투영해보면 왜 내가 현재 업무에 만족하는지 혹은 만족하지 못하는지 원인을 짐작할 수 있다.

발견 인생 산맥을 그려 나의 스토리를 만든다

인생은 하나의 산이라는 비유가 있다. 열심히 올라가서 정상을 한번 맛본 뒤엔 내려와야 한다는 사고방식이다. 이와 달리 인생은 여러 개의 산으로 이루어진 산맥이라는 의견도 있다. 삶은 하나의 산을 올라갔다가 내려오면 이어 또 다른 산을 올라갔다가 내려온다는 거다. 인생 산맥이라는 단어는 자주 사용되지는 않지만 검색해보면 몇 가지 눈에 띄는 자료가 있다.

가장 많이 알려진 건 한 사람의 인생을 하나의 능선으로 표현한 인생 산맥이다. 능선은 봉우리와 골짜기가 하나의 선으로 이어진다. 봉우리는 살아가면서 좋았던 시절을 나타내고 골짜기는 힘들었던 시절을 나타낸다. 취업한 해에는 봉우리가 높고 실직한 해에는 골짜기가 깊은 식으로 그린다. 봉우리에는 +, 골짜기에는 -로 숫자를 적기도 하는데 숫자가 클수록 많이 좋았거나 많이 힘들었다는 의미다. 숫자에 특별한 의미는 없고 내가 느꼈던 감정의 크기를 나타내는 정도다.

이에 비해 아래에서 소개할 '윤태성식 인생 산맥'은 완전 새로운 생각이다. 인생을 적극적으로 살아가기 위해 꼭 필요한 사고방식이다. 지금까지 살아온 과정과 함께 앞으로 살아가고 싶은 여정을 포함한다는 점이 가장 큰 특징이다. 그리는 방법은 간단하다. 먼저 왼쪽에서 오른쪽으로 선을 길게 긋는다. 마치 줄자처럼 선 위에 일정한 간격의 칸을 그려 나이를 적는다. 태어난 해부터 시작해서 85세가 될 때까지 적는다. 여기에 나의 학력과 경력을 하나하나 별도의 산으로 그린다. 산을 그리는 방법은 다음과 같다.

(1) 대부분의 사람은 초등학교 입학을 시작으로 몇 년간은 학생이다. 만약 7세에 초등학교에 입학해서 27세에 대학을 졸업했다면 7세부터 27세까지 이어지는 산을 하나 그린다. 산의 높이는 큰 의미가 없다. 산의 능선에도 큰 의미를 두지 않는다. 산의 모양은 다양하지만 간단하게 그려도 상관없다. 대학을 다니는 동안 병역 의무로 군대를 다녀왔다면 이 기간은 산에 포함시켜도 된다. 직업 군인이었다면 별도의 산을 그려야 한다.

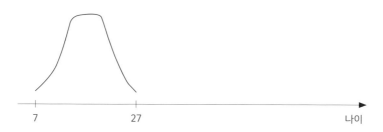

7세에 초등학교에 입학해서 27세에 대학을 졸업한 경우

(2) 만약 27세에 대학을 졸업하고 첫 직장에 취업해서 3년을 다니다가 30세에 그만두었다고 하자. 이 기간을 표현하는 완전한 모양의 산을 하나 그리면 된다. 여기서 주의할 점이 있다. 산 아랫변의 기간이다. 대부분의 학생은 학교를 다니는 동안 취업 준비를 한다. 만약 25세부터 준비했다면 첫 직장을 나타내는 산을 25세에서 30세에 걸쳐서 그린다.

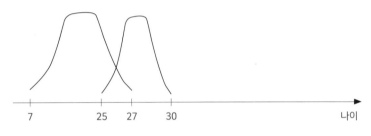

25세부터 취업 준비해서 첫 직장에 입사한 후 30세에 그만둔 경우

(3) 30세에 입사한 직장을 40세인 현재까지 다니고 있다면 이 기간도 하나의 산으로 그리도록 한다. 그러나 아직 재직 중이기 때문에 산의 모양은 절반 정도만 그린다. 현재 다니는 직장을 표현한 산은 첫 직장을 다니던 기간과 일부 겹치도록 그린다. 왜냐하면 첫 직장에서 경험한 업무나 터득한 지식이 현재의 직장으로 이직하는 데 영향을 주기 때문이다.

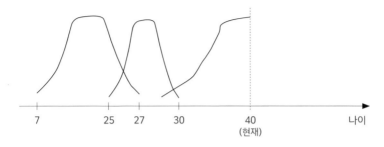

30세에 첫 직장을 그만두고 이직하여 재직 중인 경우

(4) 내 사업을 준비하고 있다면 현재의 산 아래에 작은 산을 하나 추가한다. 산이라고 부르기에 민망할 정도로 그저 짧은 선 하나가 막 비껴 올라가고 있을 뿐이다. 훗날 하나의 오롯한 산이 될지 아니면 작은 동산 정도로 끝나게 될지는 아직 모른다.

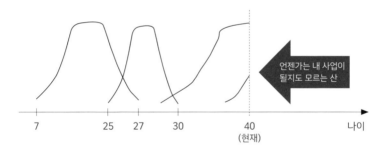

직장을 다니면서 '언젠가는 내 사업'을 준비하는 사람의 인생 산맥

산의 능선만 2차원으로 연결하면 하나의 산처럼 보이지만 사실 모든 산은 3차원으로 각각 떨어져 있다. 모든 산은 전부 별개다.

지금 오르는 중인 산과 앞으로 오르고 싶은 산은 바로 연결될 수도 있고 어느 정도 떨어져 있을 수도 있다. 만약 지금 다니는 직장을 그만두고 다음 날부터 다른 직장으로 이직한다고 하자. 이런 모습은 마치 이 산과 저 산이 서로 연결되어 있는 듯 보인다. 하지만 인생 산맥의 관점에서는 두 개의 산으로 구분한다. 지금까지 다니던 산을 완전히 내려온 뒤 새로운 산을 오르기 시작하는 모습이다. 만약 직장을 그만두고 얼마 동안 실업 상태에 있다가 다른 직장으로 이직한다면 산을 내려온 후 얼마 동안 평지를 걷다가 다시 새로운 산을 올라가는 모습일 거다. 현재 알 수 있는 건 지금까지 올라갔다가 내려온 산이나 지금 넘고 있는 산이다. 다음 산이 어떤 모습일진 지금으로서는 알 수 없다. 지금 넘고 있는 산에서 다음 산으로 어떻게 이어질지도 모른다. 미래가 와야만 알 수 있다.

(5) 현재 직장은 지금 넘고 있는 산이다. 이 직장에서의 위치가 과장이라면 산의 중턱쯤에 이르렀을 거다. 한 분야의 책임자라면 산의 정상에 있다고 할 만하다. 만약 직장에서 앞으로 승진할 여지가 남아있다면 이 산의 아랫부분에서 정상을 향해서 올라가고 있는 상태일 거다. 이 산을 넘으며 옆을 보니 어렴풋하게 작은 능선이 하나 보인다. '언젠가는 내 사업'이라는 능선이다. 이 능선이 다음에 오를 산으로 성장할지는 아직 모른다.

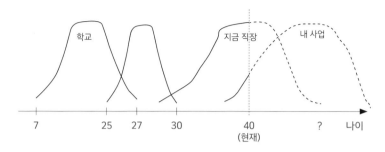

내 사업을 준비하는 사람의 미래 인생 산맥

위와 같은 방법으로 지금 오르고 있는 산과 다음에 오를지도 모를 산의 모양을 그린다. 이렇게 여러 개의 산으로 구성된 산맥을 '나의 인생 산맥'이라고 한다. 인생 산맥은 그 자체로 인생의 스토리다. 인생 산맥을 그리는 목적은 지금까지 살아온 과정을 파악하기 위해서가 아니다. 앞으로 어떻게 살아가고 싶은지를 스스로에게 보여주기 위해서다. 나의 인생 산맥은 결코 완벽하지 않다. 그럼에도 불구하고 내 사업을 하고 싶은 사람에게는 반드시 인생 산맥을 그려보라고 권한다. 인생 산맥의 어디쯤엔가 '내 사업'이라는 산이 위치한다. 백문이 불여일견이라고 했다. 언젠가는 내 사업을 하겠다고 백 번 마음속으로 생각하기보다 인생 산맥을 한 번 그려서 눈으로 직접 확인하는 게 좋다. 눈으로 보면 동기 부여가 더욱 강하게 된다.

보통 인생 산맥을 구성하는 하나의 산을 올라갔다가 내려오는 데 걸리는 시간은 얼마나 될까? 만약 지금 다니고 있는 직장을 앞으로 3년 후에 그만둘 거라면 내려오는 데 3년의 시간이 남은 산이다. 10년을 더 다닐 거라면 10년의 시간이 남은 산이다. 인생 산맥은 여러 개의 산이 서로 겹쳐 있기 때문에 산마다 10년 이상씩 걸리더라도 인생을 통틀어 여러 개의 산을 올라가고 또 내려올 수 있다.

발견 나의 스토리에 어울리는 사업 아이템을 찾는다

내 사업에는 스토리가 필요하다. 사업 아이템과 나의 스토리가 자연스럽게 연결되어야 한다. 경력과 내 사업을 잇는 스토리가 있으면 왜 이런 사업 아이템이 탄생했는지 고객이 이해하기 쉽다. 왜 이 상품을 개발하려 하는지 일일이 설명하지 않아도 된다. 이를 거꾸로 이해해도 좋다. 관련된 경력과 지식이 전혀 없는 사업 아이템이라면 스토리를 만들기가 어렵다. 스토리를 만들기 어렵다면 나에게는 어울리지 않는 사업 아이템일 가능성이 높다. 이런 사업 아이템은 다루지 말아야 한다. 나만 만들 수 있는 스토리를 구상해보면 자연스럽게 내가 할 수 있는 사업 아이템을 찾을 수 있다.

예를 들어 알파고의 경우가 그렇다. 알파고는 바둑에 인공지능을 적용해서 인간과 컴퓨터가 대국하는 프로그램이다. 알파고는 우리나라의 이세돌 9단과 대국해서 승리를 거둬 순식간에 우리나라에 인공지능 붐을 일으켰다. 알파고는 카이스트에도 큰 영향을 끼쳤다. 이전에는 인공지능 수업이 한두 과목뿐이었고 수강생도 수십 명에 불과하였지만 알파고 사태를 계기로 지금은 모든 카이스트 학생의 필수 과목이 되었다.

알파고와 인공지능 이야기를 여기까지만 들으면 '또 하나의 기술이 나왔구나'라는 생각에 그치게 된다. 하지만 여기에 한 가지 이야기를 덧붙이면 느낌이 많이 달라진다. 알파고는 '딥마인드'라는 기업이 개발하였다. 이 기업 창업자인 데미스 하사비스는 어릴 적 체스 신동으로 이름을 날렸다. 13세에 세계 유소년 체스대회에서 2등을 했으니 신동이라 불릴 만도 하다. 데미스 하사비스는 2010년에 딥마인드를 창업하여 인공지능 바둑 프로그램인 알파고를 개발하였다. 4년 후인 2014년에 구글이 이 기업을 4억 달러에 매수하였다. 하사비스는 구글로 이직한 후에도 개발을 계속하여 마침내 인간 챔피언을 물리쳤다. 이렇게 해서 알파고는 전 세계적으로 유명한 상품이 되었다. 알파고는 지구 바둑계를 평정하고 2017년 바둑계에서 은퇴하였다. 어떠한가? 인공지능이라는 기술에 창업자의 스토리가 더해지니 더욱 그럴듯하지 않은가?

발견 사업 아이템은 내가 걸어온 발자국 안에 있다

사업 아이템은 지금까지 해온 일을 바탕으로 찾는 게 가장 현실적이다. 직장에서 맡고 있는 업무에서 찾는 방법도 좋지만, 회사가 외부에서 구입하는 상품 가운데 찾아봐도 좋다. 어느 조직이든 모든 걸 자급자족하는 조직은 없다. 비품을 구입하거나 업무를 위탁하는 등 반드시 외부에서 조달하거나 처리해야 하는 것들이 있다. 이 중에서 내 능력으로 개발하거나 판매할 수 있는 품목이 현실적인 사업 아이템이다.

사업 아이템은 내가 걸어온 발자국 속에 있다. 원을 세 개 그려보면 이해하기 쉽다. 나, 직장, 사회를 나타내는 원을 그려보자. 만약 세 개의 원이 겹치는 부분이 있다면 여기에 내 사업 아이템이 있을 가능성이 높다.

- 나를 나타내는 원 학력, 경력, 관심, 특기, 취미를 나타내는 영역이다. 내가 무얼 잘하는지를 이해하는 동시에 나의 한계를 확인한다.
- 직장을 나타내는 원 업무, 경험, 직위를 나타낸다. 어떤 업종에서 어떤 업무에 종사하였으며 이 업계에서 어느 정도의 영향력을 가지고 있는지 스스로의 업무 능력을 평가한다.
- 사회를 나타내는 원 고객, 불만, 니즈, 시장, 트렌드를 나타낸

다. 사회의 변화를 관찰하면서 새로운 기술이나 변화하는 경제 상황을 눈여겨본다.

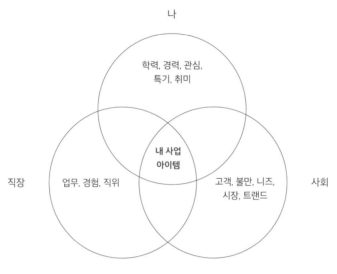

세 개의 원이 겹치는 곳에 내 사업 아이템이 있다

원을 그리는 데에는 순서가 있다. 가장 먼저 직장 영역을 그리고 그 후에 나에 대해 그린다. 마지막으로 사회 영역을 그린다. 직장을 가장 먼저 그리는 이유는 현재 돈을 벌고 있는 장소이자 가장 잘 알고 있는 업무이기 때문이다. 직장에서 맡은 업무가 다양하다면 이를 다 적을 필요는 없다. 다른 사람보다 쉽게 혹은 빠르게 진행할 수 있는 업무가 있다면 이를 먼저 적는다.

나의 경우를 예로 들어 세 개의 원으로 그려보았다. 세 개의 원을 그린 다음에 각각의 원에 나의 경력, 직장, 내가 살고 있는 사회를 잘 나타내는 단어를 적어보았다. 세 개의 원이 겹치는 부분에서 나는 '소프트웨어'라는 단어를 떠올렸다. 여기에 더해 엔지니어로 일할 당시 회사의 각종 업무에 통계를 적용했던 경험을 더하니 '데이터 가시화'라는 단어도 떠올랐다. 훗날 실제로 '데이터 가시화 소프트웨어'를 상품으로 개발하고 판매했다. 스토리가 있으면 왜 '내가' 이 상품을 다루는지 설명하기 쉽다. 당위성은 상품의 경쟁력이 된다.

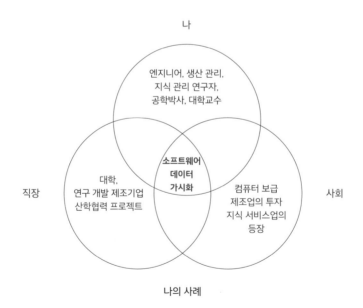

나의 사례

- 나를 나타내는 원 엔지니어, 생산관리, 지식관리, 연구자, 공학박사, 대학교수
- 직장을 나타내는 원 제조 기업, 대학, 연구개발, 산학협력 프로젝트
- 사회를 나타내는 원 컴퓨터 보급, 제조업의 투자, 지식 서비스업의 등장
- 세 개의 원이 겹치는 부분 데이터 가시화 소프트웨어

판단 다른 사람에겐 어려워도 나한텐 쉬워야 한다

내가 대학교수를 그만두고 내 사업을 시작하였을 때 처음으로 시작한 사업 아이템은 조사연구 보고서였다. 사업 모델도 간단했다. 연구 기관이 연구 주제를 정하여 주문을 하면 나는 그 주제에 관한 논문이나 특허를 조사한 후에 내용을 요약한다. 여기에 기술 동향과 나의 견해를 덧붙이면 보고서가 완성된다. 이 보고서를 납품하면 돈이 들어온다. 작업하는 과정은 이전에 대학에서 연구하던 방식과 같아 큰 어려움 없이 상품을 만들고 판매할 수 있었다. 나로서는 전혀 위화감이 없는 사업 아이템이었다.

　문제가 있다면 고객의 확장성이었다. 이 사업 아이템은 고객이 한정되는데, 주요 고객은 정부 산하기관이었다. 어떻게 하

면 고객을 확장할 수 있을지 많이 궁리했다. 변화의 계기는 우연히 찾아왔다.

나노 카본튜브의 특허 분석을 할 때였다. 용역을 수주하면 정기적으로 성과를 보고해야 하는데 한 가지 고민이 있었다. 나노 카본튜브는 이제 막 산업계에 소개되기 시작한 기술이라 전체 구조에 대해 다 아는 사람이 없었다. 어떻게 하면 정부기관 담당자에게 구조를 잘 설명할 수 있을지가 걱정이었다. 더 큰 고민도 있었다. 연구자들이 분석한 결과를 표현하는 방식이다. 일반적으로 특허 건수를 표현하려면 꺾은 선 그래프나 막대 그래프를 사용해서 건수의 추이를 보여준다. 하지만 이 정도 방식만으로는 연구자들이 분석한 수천 건의 특허가 어떠한 특징을 가졌는지를 표현할 수 없다. 많은 작업을 하였고 중요한 특징을 찾았음에도 불구하고 제대로 표현할 수 있는 마땅한 방식이 없었다. 이런 현실이 너무 안타까웠다.

나노 카본튜브 특허가 가진 특징을 어떻게 나타낼까? 며칠을 궁리한 결과 한 가지 아이디어가 떠올랐다. 일반적으로 재료 기술을 연구하는 연구소에서는 가장 먼저 재료에 관한 특허를 출원한다. 재료를 발명하고 나면 그다음에는 재료를 가공하는 기술에 대한 특허를 출원한다. 가공한 재료는 제품에 응용하여 마침내 상품이 세상에 나온다. 나노 카본튜브 특허 역시 이런 패턴을 따랐다. 패턴을 이해하고 나니 다음 과제는 이 패턴을 어떻게 표현할지로 바뀌었다. '시간이 경과하면서 성장하는 물체로는 무엇이 있을까?' 만약 이러한 물체를 찾을 수 있다면 특허출원 건수를 이에 비유할 수 있다.

궁리 끝에 찾아낸 비유는 꽃이었다. 식물은 가장 먼저 뿌리를 내리고, 그 후에 줄기가 올라온다. 어느 정도 시간이 지나면 잎이 나고, 마침내 꽃이 핀다. 꽃을 나노 카본튜브에 비유하니 딱 맞아 떨어졌다. 나는 특허가 등록되는 패턴을 꽃의 성장에 비유하였다. 뿌리는 재료, 줄기는 가공, 잎은 응용, 꽃은 상품이다.

나는 직원들과 함께 꽃이 성장하는 모습을 표현할 수 있는

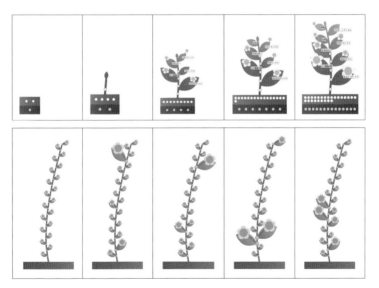

특허 동향을 꽃으로 가시화한 '꽃 모델'

소프트웨어를 만들었다. 꽃의 각 부분에 특허를 대응시켜 표현하였다. 특허를 꽃에 비유하여 시간에 따른 변화를 관찰해보니 마치 꽃이 성장하는 모습을 동영상으로 보는 느낌이었다. 이렇게 표현하는 방식을 나는 '꽃 모델'이라고 불렀다.

꽃 모델은 성공적이었다. 내가 보고하는 날이면 정부기관의 계약 당사자 외에도 타부서 직원 수십 명이 들어왔다. 그들은 보고 내용보다도 보고하는 방식에 관심이 많았다. 꽃이 자연스럽게 성장하는 모습은 특허가 각 분야에 골고루 걸쳐서 조화롭게 출원되고 있는 사실을 나타냈다. 성장하는 모습이 자연스럽지 않다면 이는 특허 출원이 특정 분야에 치우친다는 뜻이었다. 꽃이 성장하는 모습을 동영상처럼 나타내는 소프트웨어를 보면서 참석자들은 모두 탄성을 질렀다. 보고가 끝나니 모두 박수를 쳤다. 이 기관이 기업에게 조사연구를 의뢰한 이래로 참석자들이 박수를 친 건 처음이라고 했다. 중간보고에 담당자가 아닌 사람들이 수십 명 모인 적도 처음이라면서 이 소프트웨어를 사용해보고 싶다는 요청이 쇄도했다.

이 일이 계기가 되어 데이터를 다양한 모양으로 가시화하는 소프트웨어 상품을 개발했다. 꽃 모델에 이어 포도 모델, 타일 모델, 네트워크 모델 등 다양한 가시화 모델을 개발해서 추가했다. 데이터 가시화 소프트웨어는 이후 사업의 주력 상품이 되었다. 주력 상품이 바뀐 이후로 조사연구 보고서는 더 이상 사업 상품으로 취급하지 않았다. 상품을 판매하는 과정에서 고객의 새로운 니즈를 발견하였고, 이를 계기로 사업 아이템이 바뀐 셈이다. 새로운 발상이 아니라 기존에 하던 사업 아이템이 조금씩 변하면서 새로운 아이템으로 재탄생했다.

어떠한가? 이 사업 아이템을 당신의 사업 아이템으로 할 수 있겠는가? 아마 대답은 "No"일 것이다. 그렇다면 나에게는 좋은 사업 아이템이다. 나는 쉽게 할 수 있으나 다른 사람은 쉽게 하지 못할수록, 하더라도 시간이 많이 걸릴수록 나에게는 유리한 사업 아이템이다.

다니던 직장에서 평소에 하던 업무 가운데 이런 아이템이 있는지 찾아보면 몇 가지는 있기 마련이다. 이걸 내 사업 아이템으로 정하는 게 본인에겐 전혀 어색하지 않다. 내 사업 아이템으로 카페나 치킨 가게를 떠올리면 위험하다고 한다. 누구에게나 가능한 사업 아이템이기 때문이다. 하지만 카페나 치킨 가게도 좋은 아이템으로 만드는 사람이 있다. 누구보다도 해당 분야를 잘 아는 사람이다. 국내에서 판매 중인 치킨 프랜차이즈의 상품을 꿰뚫고 있으면서 치킨에 관해서라면 무엇이든 물어보라고 자신하는 사람이라면 치킨 가게도 좋은 사업 아이템이 될 수 있다.

판단 사업 초기에는 고객 만족보다 고객의 불편을 해소하는 아이템이 좋다

사업 아이템으로는 고객이 못하는 걸 대신 해결해주는 게 좋다고 생각하기 쉽다. 의사가 환자의 병을 고쳐주고, 변호사가 의뢰인의 소송을 대행해주는 것처럼 말이다. 고객보다 탁월하게 많은 지식이 있거나 월등하게 우수한 설비가 있으면 가능한 사업이다. 하지만 사업 초기에는 현실적으로 실행하기 어려운 아이템이다. 내 사업을 막 시작하는 단계라면 탁월한 지식이나 설비를 갖췄을 리 없다.

사업 아이템을 찾는 방식은 대기업과 소기업이 다르다. 대기업은 고객이 원하는 상품을 만들어 제공하기 위한 아이템을 찾는다. 대기업은 자본도 있고 설비도 있으니 상품을 대량으로 생산한 다음 유통망을 활용해 다각도로 판매할 수 있다. 평범한 소기업은 다르다. 사람, 자본, 설비 어느 하나를 보더라도 대기업과 경쟁할 수 없다. 현실적인 제약을 고려하여 아이템을 선택해야 한다. 일반적으로는 고객의 불편에 착안해 사업 아이템을 시작하는 게 좋다. 고객이 스스로 하려면 할 수 있지만 힘들거나 귀찮은 일을 대신하는 사업도 좋은 아이템이다. 본인에게 자본도 없고 설비도 없다면 고객이 기피하는 일이 무엇인지 찾아야 한다. 돈을 내서라도 다른 사람에게 시키고 싶은 일이 무엇인지 살

펴본다. 인간의 심리란 원하는 것을 얻으려는 마음보다 싫어하는 것을 피하려는 마음이 더 강하다. 고객의 이런 마음은 나에게는 좋은 사업 아이템으로 연결된다.

식당만 보아도 알 수 있다. 요리하기 싫거나 요리할 형편이 안 될 때 고객은 식당에서 끼니를 해결한다. 김밥이 만들기 어려운 음식은 아니지만 김밥을 한 줄만 만들려고 해도 재료 구입부터 요리까지 시간이 오래 걸린다. 너무 귀찮은 일이다. 차라리 한 줄 사 먹고 만다.

김밥보다 더 귀찮은 일도 있다. 고기 뼈를 고는 작업이다. 이렇게 직접 하기 힘들고 귀찮은 작업이야말로 좋은 사업 아이템이 된다. 실제로 이 사업 아이템으로 성공한 사례가 있다. 아리아케 재팬이라는 기업이다. 이 기업은 고객을 대신해서 국물을 만든다. 사업 초기에는 설비가 없어서 가마솥에 창업자가 육수를 직접 끓였지만 지금은 완전자동 설비를 갖춰 로봇이 스프를 끓여준다. 원하는 맛을 완벽하게 재현해주니 인기가 매우 많다.

판단 고객의 불편을 방치하면 기업이 망한다

고객 불편을 해소해주는 곳에 사업 기회가 있다고 앞서 말했다. 이를 역으로 이해할 수도 있다. 만약 고객에게 불만이나 불편한 점이 있는데도 그대로 방치한다면 큰일이 난다는 이야기다. 사업을 하면 반드시 내 고객이 생긴다. 고객이 늘어나면 고객의 불만 사항도 늘어나기 마련이다. 대처 방안을 미리 생각해두어야 하지만, 실제로 내 사업을 하지 않으면 어떠한 고객 불편이 발생할지를 상상하기 힘들다. 그러므로 현재 다니고 있는 직장이나 기업의 사례에서 대처 방법을 배우는 수밖에 없다.

어떤 기업이든지 고객의 불만은 있다. 고객을 만족시키지는 못하더라도 고객이 불만을 갖게 해서는 안 된다. 고객의 불만이 커지면 사업이 망하기 때문이다. 고객의 불만을 먼저 제로로 만들어야 한다. 식당을 운영한다면 예를 들어 화장실이 그렇다. 식당 화장실은 깨끗해야 한다. 고객이 식당을 찾는 목적은 맛있는 음식을 먹기 위해서다. 화장실에 가지 않는 고객도 많다. 그렇지만 화장실에 잠깐 들어갔을 때 매우 깨끗하여 감동했다면 식당에 대한 신뢰가 크게 올라간다. 화장실이 너무 더러웠다면 다음부터는 이 식당에 오기 싫은 마음이 든다.

최근에는 이러한 이유로 디자인 화장실이 많이 생겨나고 있다. 공중 화장실이 마치 백화점 쇼룸처럼 깨끗하다. 관광객의 목적은 관광지나 쇼핑센터이지 화장실이 아니다. 그러나 우연히 디자인 화장실을 방문하게 되면 도시에 대한 인상이 크게 좋아진다. 공중 화장실 변기 옆에는 우산걸이가, 세면대 옆에는 가방을 올려놓을 수 있는 작은 테이블이 있다. 이런 작은 배려만으로도 고객의 불편을 제로로 만들 수 있다.

　병원에서는 의사의 말투, 환자를 대하는 태도에 관한 고객의 불편 사항이 많다. 병원의 대기 시간이 너무 길어도 불만이 생긴다. 의사와 간호사의 태도가 마음에 들면 환자의 불편은 크게 줄어든다. 병원 대기 시간은 가능한 줄여야 하지만 그렇다고 의사를 무한정 늘리기도 쉽지 않다. 최근 일부 병원에서는 대기 시간 대신 문진 시간에 초점을 맞추고 있다. 의사와 환자가 직접 만나 진료하는 시간을 늘리면 환자의 불만이 줄어들기 때문이다.

판단 　불만의 종류와 크기를 분류한다

불편한 상황에서 발생하는 마음 상태를 '불만'이라는 단어로 정의하여 이어가보자. 어느 집에 다섯 살 난 아이가 있었다. 식사 시간인데 아이는 뭐가 불만인지 잔뜩 화가 나 있었다. 엄마가 밥을 먹으라고 해도 먹지 않는다. 아이와 한참 동안 실랑이를 벌이던 엄마는 아이의 숟가락과 젓가락을 치워버렸다. 아이는 당황했다. 적당하게 떼를 쓰다가 엄마가 달래주면 그때 밥을 먹으려고 했는데 엄마의 행동이 예상과 달랐다. 아이는 한참을 궁리하다가 이렇게 말했다. "왼손으로 먹을래." 엄마는 아무 일도 없었다는 듯이 다시 숟가락과 젓가락을 가지고 왔다. 그러자 아이는 뭐가 불만이었는지도 다 잊어버리고 허겁지겁 밥을 먹었다.

매슬로우의 인간 욕구 5단계를 빌려 설명하자면, 아이는 결국 생리 욕구를 이기지 못하고 왼손으로 밥을 먹었다. 매슬로우는 사람의 욕구를 생리 욕구, 안전 욕구, 소속 욕구, 존경 욕구, 자아실현 욕구 이렇게 다섯 단계로 구분하였다. 그렇다면 역으로 사람이 느끼는 불만 역시 다섯 단계로 나누어 생각할 수 있다. 예를 들어 어느 판매점에 갔는데 잔돈을 거슬러줄 때 던지듯이 주었거나 빤히 쳐다보면서 무시하는 태도를 보였다면 존경 욕구를 무시당했다고 느끼게 된다.

평소에 어떤 상황에서 불편함을 종종 느끼는지 직접 적어보자. 식당이나 판매점처럼 접객을 해야 하는 경우라면 사람에 관련한 불만이 발생하기 쉽다. 직원의 태도, 말투, 서로 잡담하는 모습, 고객에게 인사하지 않는 태도, 고객을 무시하는 태도, 질문을 해도 지식이 없어 답하지 못하는 태도, 불성실한 안내, 약속을 지키지 않는 태도, 무뚝뚝하게 전화를 받는 태도 등이 떠오른다. 이런 불만은 상품과는 직접적인 관련이 없다. 상대방이 나를 존중하지 않는다는 존경 욕구와 관련된 불편한 마음이다.

상품 자체에 대한 불만도 많다. 상품을 구입한 후 찬찬히 살펴보니 상품이 변색되어 있거나 유효기간이 지났다. 음식을 구입했는데 기대했던 맛과 달리 부패했다. 상품을 여러 개 구입했는데 세어보니 수량이 모자란다. 불량품이다. 이런 불만은 모두 생리 욕구와 안전 욕구와 상관이 있다.

마트나 판매점에 가면 환경에 관한 불만이 자주 발생한다. 매장의 위치가 나쁘거나 실내 온도와 조명이 적절하지 않을 수 있다. 통로가 좁거나 더럽다. 주차하기 힘들다. 화장실이 더럽다. 영업시간이 마음에 들지 않는다. 환경에 관한 불만 역시 생리 욕구나 안전 욕구를 해치는 경우가 많다. 택시를 타도 불편한 이유가 있다. 이는 남성 승객과 여성 승객이 서로 다르다. 여성 승객은 안전 욕구를 해치는 사례를 주로 이야기하고, 남성 고객은 존경 욕구를 해치는 사례를 말한다.

무엇이 문제인지 발견하지 못하면 해결할 수 없다. 불편한 정도가 얼마나 심각한지 알면 불만을 해결하는 단초가 생긴다. 그런 의미에서 불만의 크기를 구분하는 작업은 의미가 있다. 특정 상황을 보면서 느껴지는 마음을 '-/-, -, 0, +, +/+'로 구분한다. 불만이 크다면 -/-를, 이보다 약한 불만이라면 -를 준다. 제로는 불만도, 만족도 없는 상태다. 약간 만족하면 플러스 한 개를 주고 매우 만족한다면 플러스 두 개를 준다. 물론 이런 평가는 어디까지나 주관적이다. 그러나 나의 평가가 가장 중요하다.

상황을 다섯 가지로 구분하여 불만과 만족을 따로 나타내는 데에는 목적이 있다. 불만을 제로로 만들기 위해서다. 불만과 만족 사이의 중간 어디쯤엔가 제로가 되는 지점이 있다. 불만에서 만족으로 가려면 두 단계를 거쳐야 한다. 먼저 마이너스에서 제로로 바꾼 다음 제로에서 플러스로 바꾼다. 불만족을 없애고 제로로 만드는 방법과 제로에서 만족으로 만드는 방법은 전혀 다르다. 상황을 일단 제로로 만드는 게 중요하다. 상황을 마이너스에서 제로로 만들 수 있는 일이라면 사업 아이템으로 손색이 없다. 고객이 이미 플러스를 유지하고 있는 상황을 더 큰 플러스로 만들겠다고 하는 건 사업 초기에 적합한 사업 아이템이 아니다. 고객도 이미 만족하고 있기 때문에 더 좋아질 수 있다고 설득하기가 어렵다. 성과도 금방 나타내기 어렵다.

판단 내가 1등 하는 아이템인가?

다른 사람에겐 어렵거나 시간이 많이 걸리지만 나에게는 쉬운 아이템이 좋은 사업 아이템이라고 앞서 말했다. 이를 다르게 표현하면 1등 할 수 있는 아이템을 찾으라는 말이다. 만약 압도적으로 1등 할 수 있는 아이템이 하나도 없다면 어떻게 해야 할까? 사업 아이템은 영영 찾지 못하고 마는 걸까? 그렇지 않다. 차별화라는 무기를 사용하면 된다.

1등 할 수 있는 방법을 단 한 가지만 선택해야 한다면 차별화가 가장 유리하다. 약한 자는 오로지 하나에만 집중해야 한다. 어차피 이것저것 다 할 수도 없다. 대기업이 무지개라면 약한 자는 빨강이든 노랑이든 한 가지 색깔에만 파고든다. 적어도 이 색깔만큼은 내가 1등이라고 주장할 수 있어야 한다. 대기업이 종합병원이라면 나는 관절 전문의가 되어야 한다. 약한 자가 강한 자와 똑같이 하려고 하면 절대 이길 수 없다.

상품과 지역을 좁히고 고객을 좁히면 1등 할 수 있다. 반경 1킬로미터에서만 1등이더라도 좋다. 세계 1등이나 한국 1등은 어려워도 우리 동네 1등은 할 수 있다. 거꾸로 말하자면, 우리 동네에서 1등을 할 수 없다면 이 사업 아이템은 다른 동네에서 해야 한다. 1등 할 수 있는 다른 동네가 있다면 말이다.

차별화는 플러스 차별화와 마이너스 차별화, 그리고 슈퍼 차별화로 나눌 수 있다.

(1) 플러스 차별화

사업 초기 단계에서는 경쟁자가 아예 없거나 강력한 경쟁자가 비교적 적은 시장을 택한다. 하지만 무엇을 택하더라도 시간이 지나면 경쟁자가 나타나고 시장은 성숙해진다. 이런 경우에 흔히 취하는 방식이 플러스 차별화다. 글자 그대로 무엇이든 플러스한다. 기존 상품에 약간의 기능을 추가한다. 식당을 예로 들자면 반찬이나 밥을 더 주거나 디저트를 제공하는 방식이다. 제품에 여러 기능을 추가하는 방식도 마찬가지다. 하지만 가격은 그대로이기 때문에 고객은 무엇이든 풍성하게 더 받는다는 기분을 느끼게 된다.

(2) 마이너스 차별화

일부 기능을 제외하여 가격을 낮추는 게 마이너스 차별화다. 고객이 별로 신경 쓰지 않는 부분은 과감하게 없애버린다. 식당을 예로 들면 고객이 별로 먹지 않는 반찬은 다 없애는 거다. 상품의 핵심 기능만 남기고 별로 사용하지 않는 기능은 다 없앤다. 고객의 입장에서 볼 땐 가격은 저렴하면서 핵심에 집중한다는 기분이 들기 때문에 전문성을 높이 평가하기 쉽다.

(3) 슈퍼 차별화

플러스 요소는 더욱 강화하여 슈퍼 플러스로 가고 마이너스 요소는 더욱 약화시켜 슈퍼 마이너스로 가는 차별화다. 예를 들어 협소한 공간 문제를 해결하기 위해 아예 의자를 다 없애고 서서 먹게 하는 식당이 이에 해당한다. 이색적인 화장실을 원하는 고객을 위해 황금 변기를 놓겠다는 발상도 있다. 절벽에 위치한 식당도 슈퍼 차별화고 요금이 1억 원가량 하는 세계여행도 슈퍼 차별화다. 사람들은 1등은 기억하지만 2등 이하는 기억하지 않는다. 그렇다면 한 가지 분야에서 압도적으로 1등을 하면 된다는 방식이다.

판단 **1등 하는 사업 아이템만 남기고 나머지는 다 버린다**

내 사업 아이템이 1등이 될 만한지를 따져볼 때 '만도항가'를 사용하면 편하다. '만도'와 '항가'를 기준으로 네 가지 경우로 나눠보는 방식이다. 내 사업에서 다루려는 상품 앞에 '나만, 나도'와 '항상, 가끔'이라는 수식어를 붙여 의미를 제한해본다. 그러면 '나만 항상, 나도 항상, 나만 가끔, 나도 가끔'이라는 네 가지 경우로 나뉜다. 이를 상품과 판매 방법에 적용하면 다음과 같은 분류가 가능하다.

- 나만 항상
  어디에도 없는 상품을 어디에나 있는 방법으로 판매한다.
- 나도 항상
  어디에나 있는 상품을 어디에나 있는 방법으로 판매한다.
- 나만 가끔
  어디에도 없는 상품을 어디에도 없는 방법으로 판매한다.
- 나도 가끔
  어디에나 있는 상품을 어디에도 없는 방법으로 판매한다.

1등을 하겠다고 마음먹으면 자연스럽게 하나에 집중하게 된다. 어차피 자원에 한계가 있으니 집중할 수밖에 없다. 무엇을 버리고 무엇을 남길지를 정하는 기준은 1등이냐 1등이 아니냐이다. 경쟁자와 비교했을 때 1등이 될 수 있는 상품, 지역, 고객만 남기고 나머지는 모두 버린다. 버리는 작업은 말이 쉽지 실천은 어렵기 마련이다. 용기와 결단력이 필요하다. 자신에겐 무한한 가능성이 있다. 하지만 내 사업 아이템으로는 단 하나만 선택해야 한다. 이 과정을 통해 남긴 단 하나에 모든 자산을 투입하고 집중한다.

백화점에서는 뭐든지 다 팔지만 직원이 한 명인 기업에서 뭐든지 다 판다고 하면 아무도 믿지 않을 거다. 약한 자가 하나에 집중하려면 욕심을 내지 말아야 한다. 특히 대기업을 사직하고 내 사업을 시작한 사람일수록 쉽게 초조해 하고 빨리 조급해한다. 대기업이야 상품, 지역, 고객별로 부서가 나뉘어 많은 인력이 투입되어 일을 하지만 내 사업을 하면 나 혼자 모든 일을 다 해야 한다. 여럿이 나눠 일하던 사람이 혼자서 다 하려니 초조해질 수밖에 없다. '만도항가'를 사용해서 내가 집중해야 할 곳에만 집중하자.

주의할 점이 있다. 상품을 주변에 보여주면 상품에 대해 평론하는 사람이 있다. 특히 대학교수나 연구자에게 상품을 소개하면 백이면 백 다 평론을 한다. 평론가는 절대 고객이 되지 않는다. 평론가는 상품의 취약점을 지적하며 개선하라고 평론한다. 평론가는 상대방의 약점과 개선할 점을 지적하는 직업이다. 만약 상품 개발 초기에 평론가를 만난다면 상품 개발 방향이 엉뚱한 곳으로 흐르기 쉽다. 고객의 평가와 요구에는 귀를 기울여야 하지만 평론가의 말에는 신경을 쓰지 않아도 좋다.

3

WHERE — 사업 모델: '어디서' 사업할까

Q 내 사업은 '어디서' 해야 할까?

과거에는 사업을 어디에서 할지가 중요한 문제였다. 하지만 요즘은 인 터넷의 발달로 장소에 관한 개념이 변했다. 물리적인 장소에 크게 구애 받지 않는다. 식당이나 소매업을 하더라도 반드시 목 좋은 곳을 고집할 필요가 없다. 특히 최고가 될 수 있다고 생각되는 장소라면 국내외 가릴 필요가 없다.

✓ 체크리스트

☐ **내 사업을 실행할 장소는 내가 1등 하는 곳인가?**

자신이 1등을 유지할 수 있는 곳이 바로 내가 사업할 장소다. 물리적인 장소는 동네로 한정될 수도 있고 전국이 될 수도 있다. 상품을 수출하여 특정 국가에서 넘버원이 될 수도 있다. 실제로 우리나라 농가에서 재배한 파프리카는 일본에서 넘버원이 되었다. 이처럼 기술의 발달로 지리적 장벽이 무너진 시대다. 새로운 '장소'의 개념을 활용하면 사업의 기회는 무궁무진하다.

사업 아이템이 정해지면 그다음에 생각할 게 '어디서'이다. 같은 사업 아이템이라도 어디서 실행하느냐에 따라 '어떻게', '얼마에'가 크게 변한다.

사업을 할 장소가 반드시 본인이 살고 있는 동네이거나 우리나라일 필요는 없다. 인터넷 비즈니스를 하면 지리적인 장소의 제한이 사라진다. 미국에서 떡볶이를 팔거나 베트남에서 김밥 가게를 하면 어떨까 하는 상상도 문제가 없다. 물리적인 한계는 기술의 발달로 대부분이 해결되었다. 온라인을 통해서 기술자를 소개하는 플랫폼 비즈니스를 상상할 수도 있고 새로운 기능이 들어간 메신저 프로그램을 상상해도 좋다. 그러나 원칙은 있다. 내 사업을 하기 가장 좋은 장소는 내가 1등 할 수 있는 곳이어야 한다.

1등 하는 곳을 찾다보니 극빈국에서 사업을 시작하는 기업도 있다. 2013년에 창업한 일본의 벤처기업 디지털그리드는 직원이 30명 정도이고 주요 상품은 충전기인 회사이다. 전 세계에서 아직 전기가 들어오지 않은 지역은 주로 아프리카에 위치한다. 이 기업은 아프리카 탄자니아의 전기가 들어오지 않은 지역에서 소매로 전기를 판매한다. 지역의 작은 상점에 태양광 패널을 설치하여 전기를 만드는데 설비 대금은 전액 기업이 부담한다. 지역 주민은 필요할 때마다 필요한 만큼의 전기만 구입하는데 예를 들어 라디오를 가지고 가서 100원어치만 충전하는 식이다. 매출의 20퍼센트는 상점 몫이다. 전기가 없는 지역에서 전기를 판매하여 지역 경제를 활성화하는 사업이다.

아무리 요리를 못한다고 해도 혼자 산다면 1등 요리사고 넘버원이다. 동시에 온리원이다. 흔히들 넘버원보다 온리원이 더 좋다고 말한다. 남들하고 경쟁해서 1등 하기는 어려워도 아무도 하지 않는 일을 나 혼자 해서 온리원이 되는 건 쉽다는 의미다. 온리원은 넘버원에 속한다.

작게 나누다보면 반드시 1등 하는 곳이 있으므로 거기서 내

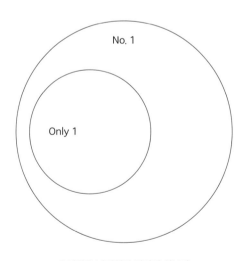

온리원은 넘버원인 영역의 일부다

사업을 시작하면 된다. 홈그라운드의 이점이라는 게 있다. 나도 내 집에서는 무얼 하든 1등이다. 하지만 규모가 문제다. 집에서만 하는 건 사업이 되지 않기 때문에 어느 정도 규모가 필요하다. 일정한 수량을 판매할 수 있는 규모가 되는 곳이 바로 사업할 장소다.

1등만 기억하는 더러운 세상이라면 방법은 간단하다. 작은 1등을 하면 된다. 반드시 1등이어야 하는 건 아니지만 진정으로 고객에게 도움이 되고 싶다면 1등이 될 수 없는 사업은 처음부터 시작하지 않겠다고 생각하는 게 좋다. 여기서 말하는 1등이란 다양하게 해석할 수 있다. 특정 상품 가운데 1등, 특정 지역 가운데 1등, 특정 손님에게 1등 하는 식으로 범위를 한정한다. 이렇게 하면 나도 얼마든지 1등이 될 수 있다. '1등'이라는 말이 주는 무게에 주눅들지 말고 내가 할 수 있는 작은 1등을 떠올려 보자. 아무리 소기업이라도 지역과 고객을 한정하면 충분히 작은 1등이 될수 있다. 사업 초기에는 규모가 작기 때문에 사업 영역을 섣불리넓히면 즉시 쓰러진다. 이건 대기업도 마찬가지다.

내 사업을 준비하는 월급쟁이라면 지금 다니고 있는 직장에서 작은 1등을 해야 한다. 업무에서 1등이 되어야 하는 이유는분명하다. 지금 하고 있는 일을 제대로 하지 못하면 새로운 기회를 얻기 힘들기 때문이다. 현재 맡은 업무는 본인에게 주어진 최대의 기회라고 생각한다. 앞으로 하게 될 사업은 현재 일하고 있는 업종, 업계, 업무와 상관 있을 가능성이 높다. 내 사업을 위해서라도 지금 하고 있는 업무는 철저하게 실행한다. 내 업무에서 1등이 된다. 이게 바로 언젠가는 내 사업을 하겠다는 사람의 자세다. 작은 1등이 되는 성공 체험을 반복하면 내 사업을 시작할 때에도 용기가 생긴다.

　1등 할 수 있는 최소 범위와 최대 범위를 정한다. 집중적으로 공략할 지역이 정해지면 구체적인 마케팅을 할 수 있다. 만약 사업 아이템이 배달 식당이라면 배달 범위가 너무 넓어서는 곤란하다. 지역을 줄여 좁은 지역에서 작은 1등을 노려야 한다. 세븐 일레븐, 야마토택배, 스타벅스. 이들은 모두 현재 글로벌 대기업으로 성장하였지만 사업을 시작한 초기에는 좁은 지역에 집중적으로 매장을 설치하였다. 좁은 지역에서 완벽한 1등을 노렸다. 중심지나 번화가보다 변두리나 뒷골목에서 시작하는 이유는 상대적으로 1등이 되기 수월하기 때문이다.

장소 **O2O 사업 모델은 아는 만큼 활용할 수 있다**

사업 아이템에 따라서는 사업하는 장소가 중요한 경우도 있다. 하지만 대부분의 경우에는 지리적인 기준보다 온라인과 오프라인의 구분이 더 중요하다. 결론을 먼저 말하자면 온라인과 오프라인을 융합하는 O2O online to offline 사업 모델이 새롭게 부상하고 있다는 점을 항상 염두에 두자.

가장 일상적으로 마주하는 O2O 사업 모델은 음식 배달이다. 실제로 식당을 운영하는 기업은 오프라인에서 사업하는 형태다. 만약 이 식당이 온라인으로 주문을 받고 배달한다면 이런 형태를 O2O 사업 모델이라고 한다. 요즘 젊은 사람들을 필두로 일상적으로 사용하고 있는 음식배달 어플이 이 경우에 속한다. 카카오택시 앱을 이용해서 택시를 호출하는 방식도 O2O 사업 모델이다. 여행 가거나 출장 가기 전에 모바일 앱으로 숙박 시설을 검색하고 예약하는 방식도 O2O 사업 모델이다.

어떤 사업 아이템이든 O2O 사업 모델을 운영할지 여부는 이제 피할 수 없는 고려 사항이 되었다. 하지만 이 사업 모델을 적용할 때에는 중요한 선택을 먼저 해야 한다. 다른 기업이 O2O 사업을 위해서 운영하고 있는 플랫폼을 이용할 건지, 혹은 직접 앱을 만들어 이용할 건지 결정해야 한다. 만약 식당을 차렸는데 기존 앱에 식당을 등록한다면 이는 다른 기업의 플랫폼을 이용하는 형태다. 이러한 경우 식당 개업과 동시에 O2O 사업 모델을 실행할 수 있다는 장점이 있지만 수수료가 비싸다는 단점이 있다. 만약 직접 앱을 만들어 사용한다면 개발 비용과 개발 기간이 필요하다. 하지만 실제로는 사업 초기에 앱을 만들어 사용하는 경우는 드물다. 사업이 알려지지도 않았는데 어플을 사용하는 사람들을 모으기도 어렵기 때문이다. 처음에는 다른 기업의 플랫폼을 이용하다가 사업 규모가 커지고 인지도가 올라가면 그때 자사 앱을 생각해도 늦지 않다.

4

HOW — 경영:
'어떻게' 경영할까

Q 내 사업을 '어떻게' 경영해야 할까?

내 사업을 구체적으로 생각하면서 사업 모델을 완성해나간다. 어떤 상품을 어떻게 판매하여 어떻게 수입을 얻을지를 정리한 결과가 사업 모델이다. 여기에는 본인을 포함한 많은 관계자가 등장하게 된다. 고객도 있고 협력 기업도 있다. 모든 관계자를 이어주는 끈은 바로 신뢰다.

✓ 체크리스트

☐ **사업 모델은 무엇인가?**

사업을 구성하는 요소를 논리적으로 연결하고 수입을 얻는 방식을 설계한다. 구상 시점에서는 제대로 연결되지 않고 허점이 많을 수밖에 없다.

사업을 시작하기 전까지는 필요한 부분이 모두 연결되어야 한다.

☐ 매출이 갑자기 제로가 되더라도 대처할 수 있는가?

사업을 하면 나가는 돈은 어느 정도 제어가 되지만 들어오는 돈은 제어할 수 없다. 내부 요인이건 외부 요인이건 매출이 순식간에 제로가 되는 시나리오를 생각해야 한다. 매출 제로가 될 수 있는 모든 요인을 나열하고 각각에 대한 대책을 마련한다.

☐ 고객에게 어떻게 신뢰를 주는가?

사업에서 취급하는 아이템이 독점이라면 고객은 어쩔 수 없이 이를 구입할 수밖에 없다. 이렇게 맺어진 고객이라면 독점이 해소되는 순간 모두 다 떠나간다. 고객이 나를 신뢰하고 거래해야 관계가 오래 지속된다. 고객에게 신뢰를 주기 위해 어떤 노력을 할지 궁리한다.

☐ 협력할 기업이 있는가?

내 사업이라고 해서 나만 잘하면 되는 게 아니다. 재료 납품업자부터 택배회사에 이르기까지 많은 기업이 나를 돕고 협력해야 한다. 개방형 혁신이라고 해서 몇 개 기업이 공동연구를 하는 경우도 있다. 윈윈하는 관계를 맺고 협력하는 기업이 많을수록 사업은 순조롭게 진행된다.

모델 표준 사업 계획서를 참고하여 스스로 질문하고 답한다

내 사업을 준비하면 많은 질문에 스스로 답해야 한다. 사업 아이템 하나만 보더라도 '왜 이 아이템인지', '왜 이 타이밍에 사업해야 하는지' 등 질문거리가 수없이 많다. 모든 질문에 다 속 시원히 답할 수는 없지만 반드시 짚어봐야 하는 질문들이 있다. 필수 항목인 '왜', '무엇을', '누가'에 관한 질문이다. 이 질문에는 아주 상세하게 빠짐없이 답해야 한다. 여기에 더해 보조 항목인 '어디서', '어떻게', '얼마에'에 관한 질문에 대해서도 구채적으로 고민하고 답해야 한다.

만약 누군가 일목요연하게 질문을 정리해준다면 답하는 사람도 편할 것이다. 그런 점에서 벤처투자회사나 창업진흥기관에서는 표준에 가까운 질문거리를 제공하고 있다. 아래에서 중소벤처기업부 산하 창업진흥원에서 개발한 질문거리를 소개하겠다. 정부가 시행하는 창업사업화 지원 사업에 신청하는 창업자를 위해서 개발한 '창업사업화 표준사업계획서'이지만 지원 사업에 신청할 계획이 없는 경우에도 참고할 만하다. 문제 인식은 '왜'에 해당한다. 실현 가능성과 성장 전략은 '무엇을', '어디서', '어떻게', '얼마에'에 해당한다. 팀 구성은 '누가'에 해당한다. 아래 질문에 '언제'는 별도로 없지만, 현재를 전제로 한다.

창업 아이템 Item	아이템의 차별성, 개발 경과, 국내외 목표시장, 이미지
문제 인식 Problem	(1) 창업 아이템의 개발 동기: 이 아이템이 없으면 소비자가 불편한 점은 무엇인가? (2) 창업 아이템의 목적과 필요성: 이 아이템이 구현하고자 하는 목적은 무엇인가?
실현 가능성 Solution	(1) 창업 아이템의 사업화 전략: 사업 모델, 제품과 서비스의 구현 정도, 제작 소요 기간 및 제작 방법, 추진 일정 (2) 창업 아이템의 시장 분석 및 경쟁력 확보 방안: 기능, 효용, 성분, 디자인, 스타일 등의 측면에서 현재 시장에서의 대체재 대비 우위 요소, 차별화 전략
성장 전략 Scale-up	(1) 자금 소요 및 조달 계획: 자금의 필요성, 금액의 적정성 (2) 시장 진입 및 성과 창출 전략: 내수 시장, 해외 시장 (3) 출구 목표 및 전략: 투자 유치, 인수 및 합병 전략, 기업 공개, 정부 지원금
팀 구성 Team	(1) 대표자 및 팀원의 보유 역량: 경험, 기술력, 노하우 (2) 사회적 가치 실천 계획: 양질의 일자리 창출을 위한 성과 공유제, 근로시간 단축

모델 사업 모델과 고객을 동시에 확장한다

사업 아이템을 정하면 어떤 방식으로 사업을 운영할지 사업 모델을 궁리하게 된다. 예를 들어 'X라는 상품을 개발해서 인터 넷 사이트에서 판매' 하는 사업 모델을 생각했다고 하자. 아직은 내 사업을 시작한 단계가 아니기 때문에 X상품이 얼마나 많이 팔릴지 전혀 예측할 수 없다. 만약 낙관적으로 생각해서 1년에 10,000개 판매를 예측했다면 이 숫자만 가지고 사업 모델을 완 성하면 안 된다. 비관적인 경우도 함께 예측해야 한다. 만약 비관 적인 예측을 100개 판매라고 하자. 이 숫자만으로는 도저히 사업 을 지속할 수 없다. 그렇다면 어떤 사업 모델이 가능할지 생각을 전환해보자. 예를 들어 100개만 팔렸다고 하더라도 고객이 꽤 생 겼다는 이야기다. 이 고객에게 X상품과 관련이 있는 Y상품을 추 가로 판매할 수 있다면 추가 상품을 런칭할 수 있다. Y상품을 직 접 개발할 수 없다면 이 상품을 판매하는 기업의 대리점이 되거 나 도매가격으로 구입한 후에 판매할 수 있다. 연결과 확장으로 기세를 몰 필요가 있다.

다른 방식도 있다. 'P상품을 개발해서 설계 기술자에게 판 매' 하는 사업 모델을 생각했다면 이번에는 다른 방식으로 접근 해본다. 설계 기술자는 대개 제조 기업에서 근무한다. 본인이 개 발한 상품을 설계 기술자가 사용한다면 이는 제조 기업의 설계 부가 고객이라는 이야기다. 만약 이 제조 기업의 영업 직원에게 도 팔 수 있는 상품이 있다면 그건 무엇일까를 생각해본다. 기업 과 기업 간의 사업을 B2B라고 한다. B2B에서는 지금까지 거래가 없던 기업을 새로운 고객으로 만들기가 매우 어렵다. 이미 설계부가 고객이 된 기업이라면 이 기업 내부에서 다른 부서의 고객을 찾아보는 방식이 훨씬 효과적이다. 설계부에 팔고 있지만 새롭게 영업부에도 팔고 총무부에도 파는 방식이다. 물론 각 부서마다 필요한 상품이 달라질 수 있다. 이런 상품을 반드시 혼자 개발할 필요는 없다. 실제로 많은 기업에서는 자사에서 개발한 상품도 판매하지만 다른 기업의 상품을 구입해서 재판매한다. 예를 들어 거의 모든 IT기업에서는 자사에서 개발한 소프트웨어만이 아니라 다른 기업의 소프트웨어도 함께 판매한다.

모델 상품을 공짜로 주는 모델을 생각한다

만약 첫 고객이 대기업이거나 전문기관이라면 회사의 신용이 크게 올라간다. 이를 역으로 이용하는 고객도 있다. 상품을 무료로 주거나 매우 저렴한 가격으로 파는 대신 판매 실적을 높이라고 요구한다. 다음 고객에게서 제대로 돈을 받으라는 말이다.

소프트웨어 상품의 경우 미국에서는 선행 영업으로 계약을 하고 난 후에 상품을 만들기 시작하는 경우가 많다. 일본에서는 소프트웨어 상품을 완벽하게 만든 후 영업을 한다. 유럽에서는 소프트웨어가 상품이 아니라 예술 작품이라고 생각한다. 우리나라는? 소프트웨어는 공짜라고 생각하는 사람이 많았다. 표현이 과거형인 점에 주목하면 좋겠다. 과거에 우리나라에서는 소프트웨어만이 아니라 지적 저작물의 거의 대부분이 공짜로 소비되었다. 정확하게 말하자면 공짜가 아니라 불법 사용이다. 그러나 최근에는 상황이 많이 변했다. 소프트웨어를 포함한 지적 저작물에는 반드시 대가를 지불해야 한다는 의식이 생겨나고 정부에서도 제도로 이를 뒷받침하고 있다. 그런데 이런 상황에서 일부러 상품 가격을 무료로 하는 경우가 있다. 바로 '공짜 모델'이다. 상품을 비용 없이 사용하게 하여 고객을 모으고 이를 바탕으로 하여 새로운 방식으로 비용을 회수하는 사업 모델이다.

특히 IT기업은 상품 가격을 처음부터 무료로 하는 곳이 많다. 우리나라에서는 일상적으로 사용하는 카카오톡이나 네이버 검색이 처음부터 공짜였던 사례처럼 돈을 내고 사용하는 상품이 오히려 드물다. 자신의 사업에서도 상품 가격을 무료로 하는 공짜 모델을 고려할 수 있다. 물론 전혀 돈을 받지 않겠다는 의미는 아니다. 눈에 보이는 부분은 공짜이지만 한 바퀴 돌아서 돈이 들어오거나 다른 사람이 대신 돈을 내게 한다는 의미다. 기본 기능은 무료로 주고 고급 기능은 돈을 받을 수도 있다.

공짜 모델을 생각할 때 적어도 5가지 경우를 생각해보도록 한다.

(1) 대납

고객 대신 다른 사람이 돈을 낸다. 고객은 네이버나 구글에서 공짜로 검색하지만 광고주가 대신 돈을 내는 형태다.

(2) 결합

술집에서 술은 공짜로 주지만 안주는 돈을 받는 형태다. 술만 주문하지 못하고 반드시 안주를 함께 주문해야 한다는 조건을 건다.

(3) 미끼

마트에서 저렴한 배추는 공짜로 주지만 다른 고급 상품을 많이 구입하도록 유도하는 형태다.

(4) 부품

본체는 공짜로 주고 부품은 돈을 받고 판다. 프린터를 공짜로 주고 잉크는 돈을 받고 파는 방식도 이에 속한다.

(5) 애프터서비스(A/S)

반드시 A/S가 필요한 상품이라면 본체는 공짜로 주고 A/S할 때 돈을 받는다.

모델 매출이 제로가 되는 시나리오를 예상한다

사업을 하다보면 예기치 못한 순간에 매출이 제로가 되는 경우가 있다. 매출이 대폭 줄어드는 정도가 아니라 아예 제로인 경우 말이다. 특히 상품을 개발해서 판매하는 사업 모델이라면 상품 개발이 생각보다 늦어져서 매출이 제로가 될 수 있다.

그런데 식당이나 소매업처럼 매일 얼마씩이라도 매출이 일어나는 곳인데도 불구하고 어느 날 매출이 제로가 되는 경우도 있다. 예를 들어 조류독감이 일어나면 전국의 치킨 가게는 평균적으로 매출이 30퍼센트 감소한다. 한국외식산업연구원이 조사한 자료에 따르면, 2017년에 있었던 조류독감으로 인해서 전체 치킨 가게의 86퍼센트가 매출이 감소했다. 이 숫자는 평균이기 때문에 경우에 따라서는 매출이 제로가 되는 곳도 있었을 것이다.

이렇게 업계 전체가 매출 제로의 위기에 빠지는 경우도 있지만 단일 가게가 갑자기 매출 제로가 되기도 한다. 2012년에 어느 음식점에서 발생했던 사건을 돌이켜보자. 임산부 고객이 종업원에게서 폭행을 당했다는 글이 SNS에 올라오면서 순식간에 파문이 커졌다. 나중에서야 고객이 거짓 글을 올렸다는 사실이 밝혀졌지만 해당 가게는 이미 문을 닫은 뒤였다. 매출 제로가 아니라 사업 철퇴다.

매출이 제로가 되는 사태를 방지하기 위해서는 몇 가지 대비책을 마련해야 한다.

(1) 매출은 조금씩 여러 곳에서 발생하는 게 좋다.

예를 들어 우리나라에서 대기업과 거래하면 사업 규모가 커지고 안정적인 경영이 가능하다. 그러나 아무리 대기업이라도 여기에만 의존해 사업을 하면 위험하다. 대기업의 정책이 변하면 회사는 그날로 망한다. 한 기업에 대한 매출 의존도가 50퍼센트를 넘으면 안 된다.

(2) 매출이 제로가 될 수 있는 다양한 시나리오를 생각한다.

예를 들어 장염이 유행하면 횟집에 손님의 발길이 뚝 끊기고 독감이 유행하면 아이스크림 매장도 한산해진다. 단체 관광객을 맞이하려고 식당을 확장했는데 사드 문제로 중국 관광객이 오지 않으면서 매출이 제로가 되기도 한다. 조류독감이 유행하면 닭고기와 오리고기가 안 팔린다. 어떤 상품이라도 매출이 제로가 되는 시나리오를 생각할 수 있다. 매출이 제로가 되는 시나리오를 미리 생각하면 대처법도 마련해둘 수 있다. 예를 들어 식당에서는 메뉴를 다양화하여 1인 가구의 추세에 맞게 혼자 오는 고객도 편하게 식사할 수 있도록 한다. 일용품 판매점에서는 여러 회사의 상품을 적당하게 섞어서 판매하도록 한다.

창업 초기에 대기업과의 거래는 위험한 찬스다

내 사업을 시작한 초기에는 고객이 별로 없다. 고객이 점점 늘어나게 되면 어느 날 대기업에서 문의가 온다. 작은 기업 입장에서는 대기업 고객이 매우 반갑다. 대기업에서 상품에 관한 문의가 들어오면 마치 곧 큰 계약을 할 것처럼 기뻐한다. 그리고 대기업의 담당자를 만나서 상품을 설명하고 자랑한다. 대기업 담당자는 이런저런 기능이 추가되면 좋겠다고 말한다. 하지만 이런 평가는 조심해서 들어야 한다. 기능이 추가되면 상품을 구입하겠다는 의미가 아니다.

상품에 대한 문의가 와서 소개하러 가면 정말 훌륭하다면서 기술적인 부분을 물어보는 사람이 많다. 그런데 때로는 정도가 지나친 경우가 있다. 직접 경험한 적도 많다. 상품을 구입할 의사가 있다고 해서 어느 대기업에 갔더니 직원들이 십여 명 모여 있었다. 기술 세미나를 해달라고 요청하기에 열심히 기술을 설명하고 상품의 특징과 개발 경위를 설명하였다. 직원들은 열심히 노트에 내용을 적으면서 까다로운 질문을 던졌다. 세미나가 끝난 후 검토할 시간이 필요하니 며칠만 기다려 달라고 했다. 이후 줄곧 즐거운 상상을 하며 며칠 기다렸다. 그러나 몇 달이 지나도 상대방에게서는 아무런 연락이 없었다. 이런 회사는 상품을 구입하지 않는다. 시간과 돈을 들여 경쟁자에게 열심히 기술만 알려준 꼴이 되었다.

사업 규모가 작을 때에는 큰 기업과의 업무 미팅에서 무시 당하기 싫어서라도 열심히 기술을 설명한다. 상품을 팔고 싶어서도 열심히 설명한다. 특히 엔지니어가 사업을 하는 경우 두드러지게 나타나는 현상이다. 간혹 있는 일이지만 이런 상황을 악용하는 기업에서는 소기업의 개발자를 불러서 공짜로 기술 세미나를 연다. 시간이 지나서 보면 이 기업에서 유사한 기능을 가진 상품을 판매하기도 한다. 처음부터 반드시 외부에 공개할 기술의 범위를 정해두어야 한다. 계약을 하지 않은 상태에서는 기술을 함부로 알려주면 안 된다.

계약서에 도장을 찍어야 계약이 시작된다. 회사 통장에 입금이 되어야 비로소 계약의 효력이 발동한다. 계약서에 도장도 찍지 않은 단계라면 가급적 말을 아껴야 한다. 이는 마치 식당에서 메뉴를 공개하면서 양념장의 성분에 대해서는 영업 비밀이라고 숨기는 것과 같다. 막상 내용을 알고 나면 비밀이라고 할 수준이 아닐 수도 있다. 하지만 상대방에게 알리고 싶지 않은 내용이라면 끝까지 말하지 않아야 한다.

대기업의 하청도 주의해야 한다. 대기업의 하청 제안은 위험한 찬스라고 생각한다. 대기업과 하청 계약을 하면 어느 정도 매출이 보장된다는 장점이 있지만 이익은 거의 없다. 이익이 나지 않는데도 대기업과 거래하는 이유는 무엇일까? 임금 때문이다. 회사 직원들에게 매달 월급을 지불해야 한다. 대기업 하청을 하고 정해진 날짜에 들어온 돈으로 직원에게 월급을 준다. 만약 직원이 없다면 굳이 대기업 하청을 하지 않아도 된다. 어차피 이익도 나지 않으니 무리해서 계약할 필요가 없다.

'직원을 채용하면 그만큼 더 많은 계약을 할 수 있다. 더 많은 계약을 하면 더 많은 매출이 발생한다. 더 많은 매출로 더 많은 직원을 채용할 수 있다.' 대기업 하청을 하게 되면 이러한 시나리오를 구상하여 직원을 늘리고 계약하기 쉽다. 하지만 직원이 늘고 매출이 늘어도 회사에 남는 이익은 거의 없다는 사실을 기억하자.

직원을 채용할 때에는 극도로 신중해야 한다. 적어도 3년 후의 매출까지 생각해야 한다. 직원은 채용하기 어렵지만 해고하기는 더 어렵다. 내 사업을 시작하면 처음에는 모든 일을 나 혼자서 한다고 각오해야 한다. 그러다가 직원이 한 명 들어오면 직원에게 적당한 일을 떼어주고 나머지 일은 직접 다 한다. 직원이 또한 명 들어오면 또 다시 일을 적당하게 떼어주고 그 외의 일은 스스로 다 한다. 이런 마음가짐을 가지고 작은 규모를 유지하면서 최대의 성과를 내도록 노력해야 한다. 매출액을 올리기보다 이익률을 높이려는 노력이 중요하다. 매출이 아무리 많아도 이익은 없고 계속 적자가 난다면 망하기 십상이다. 내 사업의 체력이 약한 시기에 대기업과의 거래는 위험한 제안이다. 매출을 크게 늘릴 기회이기도 하지만 동시에 도산의 위험도 커진다.

　나 역시 사업을 시작하고 새로운 고객을 확보하기 위해 열심히 발품을 팔고 있던 중, 한 기업에서 연구 개발에 참여하지 않겠냐는 제안을 받았다. 자동차 메이커를 중심으로 몇 개 회사가 모여서 차세대 지식관리 시스템을 개발할 예정이라고 했다. 여기에 우리 회사도 참여해달라는 제안이었다. 만약 이 시스템 개발에 성공한다면 많은 매출을 기대할 수 있었다. 하지만 나는 이 제안을 거절했다. 다른 기업과의 공동연구는 시간과 비용이 많이 드는데 이를 언제 회수할 수 있을지 불투명하다. 대기업이라면 인원과 자금이 풍부하기 때문에 몇 년 걸리는 연구도 가능하다. 연구 개발에 성공하면 상품화하고 판매해서 투자했던 비용을 충분히 회수하고도 남는다. 소기업은 다르다. 뱁새가 황새 따라 가면 가랑이 찢어진다는 속담이 있다. 아무리 새로운 고객을 개척하고 싶어도 회사는 자신이 감당할 수 있는 범위 내에서만 위험을 감수해야 한다. 대기업과의 공동연구는 대가도 크지만 위험도 크다. 공동연구에 성공하면 큰돈을 벌 수 있겠지만 실패하면 소기업은 망한다.

　회사 규모에 따라 처리할 수 있는 용량이 다르다. 현재 본인과 회사의 용량을 모르고 큰 계약을 하면 안 된다. 내가 사업을 할 때에도 글로벌 대기업에서 거래하자는 제안을 받은 적이 있지만 거절했다. 만약 제안을 받아들이고 정식으로 계약한다면 당장 직원 50명을 추가로 고용해야 하는 상황이었기 때문이다. 하루아침에 회사 덩치를 몇 배로 키워야만 가능한 일이었다. 만약 계약에서 문제라도 발생한다면 50명의 인건비를 어떻게 감당할 수 있을까? 몸에 맞지 않게 너무 큰 옷은 아무리 좋아 보여도 덥석 입는 게 아니다.

신뢰 좋은 평판보다 나쁜 평판을 관리한다

상품을 구입하려고 할 때 나와 상품 사이에 제3자가 끼어드는 경우가 있다. 정확하게 말하면 일부러 제3자를 불러들이는 경우이다. 인터넷 사이트에서 상품을 고를 때 다른 사람이 쓴 후기를 일부러 보는 경우가 이에 해당한다. 후기가 몇 개나 있는지를 보면 이 상품이 얼마나 많이 팔렸는지 추측할 수 있다. 하지만 후기가 많다고 해서 많이 팔린 상품이라고 생각하는 건 어디까지나 개인의 편견이자 선입관이다. 판매자가 의도적으로 여러 후기를 달 수 있기 때문이다. 그럼에도 후기가 많이 달린 상품에 눈이 먼저 가는 건 어쩔 수 없다. 나와 상품 사이에 제3자가 많으면 많을수록 왠지 안심이 된다.

각각의 후기에는 별 다섯 개를 최고로 해서 다양한 평가가 달려 있다. 모든 후기가 별 다섯 개인 경우도 가끔 있는데 이런 후기는 오히려 믿기 어렵다. 오히려 별이 3, 4개 달린 후기에 믿음이 간다. 가장 신경이 쓰이는 건 별이 한 개 달린 후기다. 이 사람은 왜 이렇게 야박한 평가를 했을까? 별 다섯 개 달린 후기는 다 읽어보지 않지만 별 한 개만 달린 후기는 반드시 읽어본다. 실제로 상품을 구입할지 여부는 별 다섯 개 후기가 아니라 별 한 개 후기에 달려 있다.

인터넷에서 책을 구입할 때도 마찬가지다. 구입하기로 이미 결정한 책이라면 어떤 후기를 발견하더라도 의사에는 변화가 없다. 하지만 원하는 주제나 내용에 관련한 책을 찾으려는 경우에는 좀 다르다. 별 한 개만 달린 후기를 꼼꼼히 읽어본다. 번역서의 경우라면 표지나 소개글이 근사해도 후기에 번역이 엉망이라는 의견이 있으면 구입하고 싶은 의사가 반감된다.

어떠한 평판도 없는 게 가장 나쁘다. 경영자의 평판도 마찬가지다. 지명도가 하나도 없기보다는 나쁜 평판이든 좋은 평판이든 일단 사람들에게 알려지는 게 먼저라고 생각한다. 이러한 이유로 어떤 경영자는 과격한 발언을 하고 언론에 등장하면서 개인 브랜드를 만들기도 한다. 인터넷 방송을 진행하는 BJ의 과격한 행동이나 발언이 가끔 사회문제로 등장하지만 이들은 개인 사업자로서 자신의 유명도와 수입의 상관관계를 잘 알고 있다. 유명해지기만 하면 자신의 채널로 시청자가 몰려오기 때문이다. 시청자가 선물하는 별 풍선이 수입인 구조에서 어쩔 수 없는 선택을 하는 셈이다.

하지만 경영자의 평판이 지극히 나쁘면 기업의 경영에 매우 안 좋은 영향을 끼친다. '총각네 야채가게'가 그러한 경우다. 이 기업의 경영자는 청년 창업의 신화적인 사례로 꼽혔지만 갑질 실태가 폭로되면서 브랜드 신뢰도가 바닥에 떨어졌다. 사업을 큰 규모로 키운 창업자 중에서도 특히 대중적으로 인기가 있고 업계의 신뢰도가 높은 사람일수록 스스로가 사업의 기회이면서 동시에 리스크다. 이를 '키맨 리스크'라고 한다. 만약 솜씨 좋은 주방장 때문에 방문하는 식당이 있다면 주방장은 그 식당의 키맨이다. 주방장이 바뀐다면 더 이상 그 식당에 걸음하지 않게 된다. 키맨인 주방장은 식당 운영의 기회이면서 동시에 고객이 격감하는 리스크가 된다.

신뢰 평판보다 더 중요한 건 신뢰다

평판은 어떤 사람이 과거에 했던 일들을 지금 시점에서 평가한 결과다. 만약 평판이 좋다면 과거에 좋은 일을 했다는 뜻이다. 이 사람의 현재나 미래와는 상관이 없다. 이에 비해 신뢰는 상대가 미래에 어떠할 것이라고 믿는 마음이다. 과거에는 어떤 사람이었는지 모르지만 미래에 반드시 약속한 대로 수행할 것이라고 믿는 게 신뢰다. 이삿짐센터가 있다고 하자. 평판이 좋다는 의미는 지난달에 이사했을 때 이삿짐센터 직원들이 친절하게 일을 해서 고객이 크게 만족한다는 뜻이다. 이에 비해 신뢰가 높다는 의미는 다음 달에 이사할 때에 약속한 대로 좋은 서비스를 제공해줄 것이라고 믿는 마음이다.

평판은 내 사업을 하는 사람에게 매우 중요하지만 그렇다고 해서 평판이 나쁘다고 무조건 상품이 팔리지 않는 건 아니다. 기업의 입장에서는 평판보다 신뢰가 더 중요하다. 평판은 매출에 영향을 주지만 그렇다고 나쁜 평판을 받는 회사가 망할 정도는 아니다. 하지만 신뢰는 한번 무너지면 매출은 바닥을 치고, 고객과 기업의 관계는 완전히 끊어진다.

이런 사례가 있다. 프랑스에 '블라블라카'라는 기업이 있다. 유럽 여행객 중에는 자동차로 이동하는 사람이 많다는 점에 착안해서 좌석에 여유가 있는 자동차와 여행자를 이어주는 플랫폼을 운영하는 기업이다. 전혀 모르는 사람의 자동차를 이용하는 고객의 입장에서는 운전자가 몹시 신경 쓰인다. 아무리 싸고 편하게 이동한다 하더라도 운전자가 나쁜 사람이라면 문제가 심각하다. 그래서 이 기업에서는 운전자와 탑승자가 서로를 신뢰할 수 있도록 많은 노력을 기울인다.

방법은 간단하다. 운전자가 자신의 개인정보를 공개한다. 담배를 피우는지, 고양이를 좋아하는지, 어떤 음악을 좋아하는지 자신을 드러낼 수 있는 사소하지만 중요한 정보들을 먼저 알려준다. 탑승자는 운전자의 개인정보를 살핀 후 자동차를 이용할지 결정한다. 이 기업에서 설문조사를 하였더니 탑승자가 운전자를 신뢰한다는 대답이 거의 70퍼센트에 이르렀다. 왜 신뢰하느냐고 물었더니 개인정보를 공개하였기 때문이란다. 같은 조사에서 직장 동료를 신뢰한다고 답한 사람이 60퍼센트인 걸 보면 신뢰도 70퍼센트는 대단히 높은 수치다.

평판보다 중요한 건 신뢰라고 말했는데, 신뢰를 쌓아가기 위해서는 다음과 같은 노력이 필요하다.

(1) 세상에 좋은 일을 한다.
어떤 일을 하건 일의 과정만 제어할 수 있다. 결과는 제어할 수 없다. 그렇지만 일을 하면서는 우선 세상을 좋게 만드는 일을 목적으로 하라. 그래야 본인도 지치지 않고 고객들에게도 신뢰의 이미지를 심을 수 있다.

(2) 약속을 지킨다.
다른 사람과의 약속도 지켜야 하지만 자신과의 약속도 지켜야 한다. 어떤 일을 언제까지 끝내겠다고 결심했다면 반드시 지키도록 한다.

(3) 작은 실적을 만든다.

말로만 큰소리치는 허풍쟁이가 되지 않는다. 작은 실적을 계속 만들어야 한다. 할 수 있다는 말만 반복하고 아무런 실적이 없다면 스스로에게 허풍을 떠는 거다.

5

HOW MUCH — 자금:
돈이 '얼마나' 필요할까

Q 내 사업에는 돈이 '얼마나' 필요할까?

사업에는 반드시 돈이 필요하다. 사업을 시작하면서 준비한 돈은 시간이 갈수록 빠르게 줄어든다. 항상 3개월가량의 운영비가 확보되어 있다면 사업체를 여유 있게 경영할 수 있다. 사업에서의 돈은 액수보다 흐름이 더 중요하다. 적은 돈이라도 부지런히 흐르면 사업은 망하지 않는다.

✓ 체크리스트

☐ 내 사업을 하는 데 돈이 얼마나 필요한가?

자금에 여유가 없는 사람은 초기 자본금이 가장 궁금할 것이다. 프랜차이즈 사업은 관련 기관에서 자료를 공개하고 있으니 참고할 수 있다. 본인이 가진 기술로 상품을 개발하는 경우에는 돈이 얼마나 필요할지 예상하기 어렵다. 생각했던 액수보다 몇 배 더 많이 들기 때문이다.

□ 자금은 어떻게 구하나?

퇴직금에 저축까지 더하기도 하지만 사업 자금으로는 부족하기 십상이다. 관련 기관에서 제공하는 각종 지원제도를 활용하는 방법이 가장 무난하다. 우리나라는 창업을 지원하는 제도가 충실하기 때문에 특별한 이유가 없는 한 제도를 이용하기를 권한다.

□ 상품 가격을 결정했는가?

상품 가격이 싸다고 많이 팔리고 비싸다고 안 팔리는 시대가 아니다. 비싸야만 팔리는 상품도 있다. 가격은 고객에게 보내는 손짓이기 때문에 파격적으로 싸거나 상상을 초월하게 비싼 경우도 생각해볼 수 있다. 가격을 아예 무료로 하는 사업 모델도 많이 등장하고 있다.

□ 첫 매출은 언제 발생하는가?

식당이나 소매업이라면 사업을 시작한 첫날부터 매출이 일어난다. 지금부터 상품을 개발하는 경우라면 첫 매출이 언제쯤 일어날지 예측하기 어렵다. 목표한 날짜보다 대부분 더 늦어지기 때문이다. 첫 매출이 일어나면 자금 흐름을 계산하고 제어할 수 있다.

흐름 나를 살리는 돈이 있고 나를 죽이는 돈이 있다

어느 날 나는 곰곰이 계산해보았다. "지금 받고 있는 월급을 한 푼도 쓰지 않고 저축한다면 얼마까지 모을 수 있을까?" 월급을 한 푼도 쓰지 않고 모두 저축하는 사람이 있을까? 식비든 교통비든 어딘가에는 돈을 쓰기 마련이다. 아무리 적은 돈이라도 하루에 한 푼도 쓰지 않는 사람은 없다. 문제는 이 돈을 어디에 쓰는가이다. 월급쟁이와 내 사업을 하는 사람의 인식에는 수많은 차이들이 있지만 소비에 관한 인식 역시 크게 다르다. 월급쟁이는 수중에 돈이 없어도 한 달만 버티면 월급이 나오지만 회사는 돈이 없으면 망한다. 내 사업을 시작하면 가장 먼저 변하는 게 바로 돈에 대한 인식이다.

경영자는 나를 살리는 돈과 나를 죽이는 돈을 구분한다. 나를 살리는 돈은 광고 선전비, 직원 교육비, 설비 투자비처럼 사업에 도움이 되어 미래에 더 큰 이익으로 돌아오는 돈을 뜻한다. 나를 죽이는 돈은 아무 의미 없이 사라지는 돈으로 예를 들어 음주가무에 사용하는 돈이다. 돈은 돈대로 쓰고 몸은 몸대로 나빠지기 때문이다. 아까운 시간도 그냥 흘려보내고 쾌락은 한순간에 그친다.

나를 죽이는 돈과 나를 살리는 돈은 신념에 따라 구분되기도 한다. 직원들과 회식하는 비용이 그렇다. 만약 직원들이 힘을

내고 기분을 전환해서 업무에 충실하게 된다면 회식비는 제대로 사용한 돈이다. 나를 살리는 돈이다. 하지만 직원들이 회식을 남의 돈으로 먹는 공짜 밥 정도로만 생각한다면 이 비용은 나를 죽이는 돈이다. 아무런 의미도 없이 사라져 없어지는 돈이다. 회계 처리로는 같은 항목에 들어가지만 내용을 따져보면 나를 살리는 돈이 있고 나를 죽이는 돈이 있다. 나를 죽이는 돈은 절대로 쓰지 않아야 한다.

돈을 벌기 위해 사업을 하지만 정작 돈이 없으면 내 사업을 시작할 수 없다. 필요한 돈의 액수는 사업 모델에 따라 크게 달라지지만 어느 정도 예상할 수는 있다. 예를 들어 한국공정거래조정원이 2016년에 조사한 결과에 따르면, 우리나라에서 치킨 가게를 프랜차이즈로 창업하는 경우에 초기 창업 비용은 브랜드별로 6배 이상 차이가 났다. 가장 비용이 많이 드는 브랜드는 1억 원을 훌쩍 넘었지만 가장 비용이 적게 드는 브랜드는 2000만 원 미만이다. 이 비용에는 가맹비, 인테리어비, 교육비 등이 포함되는데 프랜차이즈 브랜드마다 항목별 비용이 다르다. 치킨 가게 이외에도 프랜차이즈의 경우에는 본사 사이트나 투자설명회에서 필요한 자금에 대해 설명한다.

하지만 이 비용만으로 내 사업에 필요한 돈을 예상하면 오산이다. 여기에 매장 임대료는 별도다. 대도시에 상권이 좋은 곳이라면 매장 임대료만 몇 억 원이 필요하다. 그러므로 같은 업종에 같은 사업 모델이라고 해도 '어디서'인지에 따라서 비용은 크게 변한다. 일반적으로는 계산을 해서 예측하는 비용에 더해 30퍼센트 정도의 여유 자금을 확보하라고 한다. 사업 초기에는 매출이 생각대로 일어나지 않기 때문에 운영비에 여유가 있어야 한다. 또한 생각지도 못했던 지출이 계속 생기기 마련이다.*

매경이코노미가 2015년에 조사한 자료를 보면 프랜차이즈별로 자금과 업종에 상관관계가 있다. 자금 1억 원 이하라면 세탁가게, 호프, 치킨 가게 프랜차이즈로 창업이 가능하다. 이들 업종은 한 달에 200만 원 정도 수익이 예상된다. 2016년 기준으로 임금근로자 중위소득이 209만 원이니 위의 업종은 생계형이라 할 만하다. 자금이 1억 원 이상 3억 원 이하라면 김밥 가게, 간편식, 저가 커피, 소형 패스트푸드, 디저트 전문점이 가능하다. 비용이 3배 차이 나는 이유는 '어디서'가 다르기 때문이다. 동네 뒷골목에서 하는지 대로변의 오피스빌딩에서 하는지에 따라 임대료 차이도 크다. 자금이 3~5억 원 정도 있다면 피자, 베이커리, 주점, 보쌈, 족발, 부대찌개, 중형 디저트 전문점 등을 할 수 있다. 5억 원 이상 자금이 있다면 우리나라의 웬만한 프랜차이즈는 다 할 수 있다.

* 〈'국민 창업 아이템' 치킨집 창업 비용, 얼마나 될까?〉, 조선일보, 2016년 2월 26일.

프랜차이즈 업종의 경우에는 어느 정도 표준화 되어 있고 비교할 만한 가게도 많기 때문에 돈이 얼마나 들지 비교적 쉽게 예상할 수 있다. 이를 참고로 하면 서비스업의 비용 역시 어느 정도 예상할 수 있다. 비용을 전혀 예상하기 어려운 업종도 있다. 기술 벤처가 기술 사업화를 진행하는 경우다. 기술 사업화란 기업에서 보유한 기술을 활용해서 상품을 개발하고 판매하는 사업 모델을 말한다. 이 사업 모델의 전제 조건은 기술을 개발해서 상품을 만드는 작업이다. 상품이 있어야 판매를 하고 매출이 발생한다. 그런데 상품을 완성하는 시점을 정확히 알기 어렵다. 상품이 정말로 완성될지 여부조차 알 수 없다. 그러니 언제까지 얼마의 비용이 들고 언제부터 매출이 발생할지 예측한 자료는 모두 허구다. 실제로는 이렇게 되었으면 좋겠다고 생각하는 희망과 기대에 불과하다. 기술벤처의 경우에는 대부분 창업자가 초기 자금을 마련한 후에 벤처 캐피탈이나 엔젤 투자자를 방문해서 투자를 의뢰한다.

중소벤처기업부의 자료에 의하면, 2008년 이후 벤처캐피털이 벤처기업에 투자한 금액은 꾸준히 늘어나고 있다. 2017년에는 1,266개 벤처기업이 총액 23,803억 원의 신규 투자를 유치했다. 단순히 평균을 나누면 한 개 벤처 기업이 19억 원 정도의 투자를 유치한 셈이지만 실제로는 벤처 기업별로 편차가 크기 때문에 평균 투자 금액은 의미가 없다. 예를 들어 쿠팡은 2015년에 소프크뱅크에서 10억 달러의 투자를 유치했는데 이는 1조 1,000억 원의 금액이다. 뉴스만 보면 벤처는 거대한 자금을 투자받기 쉽다고 생각할 수 있으나 현실은 그렇지 않다. 투자를 원하는 벤처는 많고 자금은 한정되어 있기 때문이다.

정부기관이나 민간기관의 창업 엑셀러레이팅 프로그램을 이용하는 방법도 있다. 우리나라 정부도 각종 창업지원 제도를 운영하고 있다. 신용보증기금과 기술보증기금이 보증서를 발행하면 이를 이용해서 은행에서 대출을 받을 수도 있다. 담보가 없는 소기업으로서는 정부가 발행한 보증서는 가장 강력한 무기가 된다. 이자도 내야 하고 원금도 갚아야 하지만 자금을 조달할 수 있다는 점은 매우 중요하다. 정부에서 주는 지원금과 보조금도 많다. 지방 정부가 지역에서 창업한 기업을 대상으로 진행하는 프로그램도 많이 있다. 저금리로 창업자금을 융자해주는 제도를 이용할 수도 있다. 내 사업을 하고 싶은 지역을 중심으로 부지런히 알아보면 의외로 많은 제도가 있다는 사실에 놀랄 정도다. 국내외 전시회에 출전하면 자치단체가 비용의 일부를 지원해주는 제도도 있다. 금융기관에서 기술을 보고 융자해주는 제도도 있다. 이런 융자는 금리가 낮고 이용 기간이 길기 때문에 최대한 이용해야 한다.

피해야 할 함정도 있다. 보조금이나 지원금은 양날의 칼이다. 회사의 성장에 비료가 될 수도 있지만 기업을 허약하게 만드는 독이 될 수도 있다. 회사가 스스로 자립할 수 있는 수익모델을 만들지 못하면 보조금만 쳐다보게 된다. 보조금에 100퍼센트 의존하면 사업은 망하기 쉽다. 보조금이 끊어지는 날 도산한다. 왜냐하면 나의 사업 계획을 심사하는 사람은 내 사업의 미래를 절대 알 수 없기 때문이다. 지원금을 신청하면 평생 남이 주는 월급만 받고 살아온 월급쟁이가 내 사업 계획을 심사한다.● 이런 사람의 심사를 통과하는 사업 계획은 현실과는 동떨어진 내용이 되기 쉽다.

　　내 사업에 돈이 얼마나 들지 세밀하게 계산하고 돈을 준비한다 하더라도 막상 사업이 본격적으로 시작되면 자금은 금방 바닥을 드러낸다. 그러므로 필요한 돈을 계산할 때에는 사업을 시작하고 적어도 6개월 운영할 자금까지 함께 계산해야 한다. 운영은 낙관적 경우와 비관적 경우를 생각해서 자금의 폭을 고려한다. 돈은 구체적인 숫자로 나타내어야 한다. "한 2억에서 5억 정도 들지 않을까?" 이런 식의 막연한 숫자가 아니라 아주 구체적이어야 한다. "3개월 내로 A에 3,500만 원, 5개월 내로 B에 1,750만 원이 필요해"처럼 돈과 시간을 함께 묶어서 생각한다. 돈의 양도 중요하지만 돈의 흐름이 더 중요하기 때문이다.

● 〈엉터리 R&D 심사에… 지원금 물어오는 '찍새' 직원만 살 판〉, 매일경제, 2018년 6월 4일.

사업을 하면 돈만이 아니라 상품 개발과 직원 채용, 매출 계획을 포함해서 모든 내용을 구체적인 숫자로 표현해야 한다. 이런 사례가 있다. 화학 실험을 하는 연구실에 대학원생이 한 명 입학하였다. 이 연구실은 교수와 학생이 매주 실험 결과를 의논한다. 어느 날 학생이 흥분한 태도로 교수에게 실험 결과를 보고하였다.

"교수님, 실험에서 매우 신기한 반응을 발견했습니다."

"어떤 반응을 발견했는데?"

"네, A용액에 B물질을 넣었더니 C현상이 나타났습니다."

"그래, B물질은 얼마나 넣었어?"

"약간 넣었습니다."

"그러니까 얼마를 넣었다는 이야기야?"

"진짜 약간만 넣었습니다."

교수가 화를 내며 말했다.

"자네가 말하는 그 약간이란 게 도대체 몇 그램을 말하는 거야?"

대학원생이 애매한 표정으로 다시 답한다.

"진짜 아주 약간입니다."

안타깝게도 이 이야기는 실화다. 매일 실험을 하는 대학원생은 실험 노트를 꼼꼼하게 기록한다. 용액이나 물질은 몇 그램 사용했는지, 온도는 몇 도인지, 가열 시간은 몇 분인지 등 모든 내용은 숫자로 기록한다. 실험한 내용을 노트에 적을 때 형용사나 부사를 사용하지는 않는다. '너무 늦다, 너무 빠르다, 너무 많다, 너무 적다, 너무 작다, 너무 크다, 너무 비싸다, 너무 싸다, 너무 힘들다, 너무 쉽다' 이런 식으로 실험노트를 적으면 나중에 실험을 재현할 수가 없다.

그런데 위의 대학원생은 왜 숫자를 말하지 않았을까? 평소의 습관이 문제다. 우리는 평소 대화할 때 명사, 동사, 숫자만 사용하지는 않는다. 부사와 형용사를 듬뿍 사용한다. 그래야 감정을 나타내기 쉽고 과장된 표현이 가능하기 때문이다. "오늘 날씨는 어때?"라고 물어보면 "날씨는 정말 좋아"라고 대답한다. "오늘 날씨는 최고 온도 섭씨 27도이며 습도는 50퍼센트, 비 올 확률은 30퍼센트"라는 식으로 말하지는 않는다. 이렇게 말하면 기상청 직원이냐고 핀잔을 받을 거다.

내 사업을 하려면 숫자에 익숙해져야 한다는 사실은 누구나 알고 있다. 숫자를 사용하면 구체적으로 표현할 수 있기 때문에 설득력을 높일 수 있고 목표 달성에 가까워진다. 숫자의 의미를 알면 새로운 발상도 가능하다. 그래서 직장에서는 직원들에게 형용사와 부사를 이용한 막연한 표현을 사용하지 말고 가능한 수치화하고 정량화해서 분석하라고 요구한다. 숫자는 상황을 논리적으로 추론하고 파악하기 위한 도구다.

내 사업을 하면 반드시 숫자를 다루어야 한다. 숫자는 여신 관리, 자금 회전, 매출 채권, 재고 관리 등 사업의 모든 분야에 필요하다. 식당을 하더라도 숫자가 중요하다. 음식 중량, 당도, 염도, 칼로리 등 모든 걸 숫자로 나타내고 관리한다. 이렇게 숫자가 중요하다보니 숫자만 보면 분석하려는 습관이 생긴다. 평균을 내고 편차를 계산한다. 하지만 숫자의 의미를 제대로 해석하려면 분석에 앞서 해야 할 작업이 있다. 숫자를 느끼는 과정이다. 이 작업은 마치 병원의 진찰 과정과 비슷하다. 병원에 가면 장비를 이용해서 여러 가지 검사를 한다. 의사는 검사 결과를 토대로 문진한다. 만약 의사가 환자를 쳐다보지도 않고 검사 결과인 숫자만 보면서 환자의 상태를 진단한다면 환자는 얼마나 황당하게 느낄까? 의사는 먼저 환자를 쳐다보고 이야기한 후에 검사 결과인 숫자를 본다. 그래야만 숫자의 의미를 제대로 이해할 수 있다. 검사 결과 혈압이 100이라 하더라도 환자를 직접 보면 숫자의 의미가 달라진다.

숫자를 분석하기 전에 먼저 숫자를 느껴야 한다. 이런 방식을 나는 '데이터 기술Data TECH'이라고 표현한다. 데이터를 느끼기 위한 기술이다. TECH는 시간Time, 반복Echo, 관련Connection, 조화Harmony의 머리글자를 따서 만든 조어다. 아래에 간단히 요점을 설명하겠다.

(1) 시간

숫자의 의미는 시간과 함께 변한다. 변하는 속도와 폭은 다양하지만 어떤 숫자라도 시간과 함께 변하기 때문에 숫자는 시간과 함께 보아야 한다. 예를 들어 올해의 매출액만 보면 기업의 상태를 알기 어렵다. 10년간의 매출액을 모아놓고 시간의 변화와 함께 보면 변화를 알기 쉽다.

(2) 반복

화학 실험이나 물리 실험처럼 같은 작업을 반복하면 숫자 역시 반복적으로 나온다. 똑같이 반복하는 경우도 있고 약간 변형하여 반복하는 경우도 있는데 이렇게 하면 숫자의 의미를 이해할 수 있다. 내 사업을 하면 반복적으로 만들어야 하는 숫자가 있다. 부가가치세 신고, 결산서 작성, 4대 보험 가입에 관한 서류 등 국가기관에 제출하는 자료는 정기적으로 반복된다. 이들 자료를 반복해서 만들다보면 사업의 흐름이 눈에 보인다.

(3) 관련

모든 숫자는 서로 관련되어 있다. 인과관계, 대소관계, 전후관계 등 숫자 사이의 의미를 알면 숫자를 이해하기 쉽다. 예를 들어 어느 해나 3월 매출이 특히 높다면 이 상품은 학생들이 개학하기 전에 구입하는 경우라고 예측할 수 있다. 학용품이나 참고서는 특히 개학한 직후에 많이 팔린다.

(4) 조화

숫자가 모이면 반드시 조화를 이룬다. 만약 돌출한 숫자가 있다면 이는 잘못된 숫자이거나 새로운 발견일 가능성이 높다. 예를 들어 접대비는 세법상 한도가 정해져 있는데 만약 한도를 초과한다면 지출 항목을 조정해야 한다.

　사업의 숫자와 친해지려면 평소에 숫자를 예측하는 습관을 들이면 좋다. 인구, 국내총생산, 제조업 평균 영업이익, 특정 상품의 시장 크기와 같은 항목은 숫자로 표현하고 변화를 이해할 수 있어야 한다. 퍼센트는 숫자로 환산하고, 숫자는 퍼센트로 환산해서 판단하는 방식도 좋다. 상대적인 숫자는 절대적인 숫자로 바꾸어 생각하고, 절대적인 숫자는 상대적인 숫자로 바꾸어 생각한다. 국가의 숫자나 기업의 숫자를 이해하는 게 부담된다면 나 자신에 관한 숫자부터 파악해보자. 매일 아침마다 체중을 측정하고 옷 사이즈를 숫자로 이해한다. 목, 팔, 허리, 가슴둘레를 대·중·소가 아니라 몇 센티미터인지 숫자로 기억한다. 숫자로 표현하면 목표를 정할 수 있다. 어떤 숫자라도 좋으니 숫자에 습관을 들이는 게 중요하다. 일상적으로 예측을 하다보면 숫자의 의미를 강하게 느낄 수 있다.

　예를 들어 내일의 주가나 환율을 예측해본다고 하자. 예측이 얼마나 적중했는지는 내일이면 알 수 있다. 주가나 환율은 해설 방송도 많이 있다. 오늘 저녁에 내일의 숫자를 예측하고 내일 저녁에는 전문가의 해설을 듣는다. 예측의 정확도를 올리는 노력도 중요하지만 더 중요한 점이 있다. 예측한 숫자가 실제 숫자에서 어느 정도 벗어났는지, 그 이유는 무엇인지 이해해야 한다. 만약 예측한 숫자는 100인데 실제로는 105가 되었다고 하자. 5라는 차이는 왜 생겼을까? 이런 경우 예측이 맞거나 빗나간 사실 자체는 크게 중요하지 않다. 왜 이렇게 예측했는지가 중요하다. 나의 편견이나 선입관이 나타나기 때문이다.

숫자를 예측하는 데 편견이 개입될 수밖에 없다. 선입관도 있고 지식도 부족하다. 입수한 데이터에 문제가 있을 수도 있다. 자신도 모르게 숫자에 감정을 담기도 한다. 숫자를 객관적으로 평가하라고 하지만 자꾸 경험이나 지식을 반영한다. 경험과 지식이 다른 사람은 같은 숫자를 보면서도 의미를 다르게 해석한다. 예를 들어 회사의 매출액을 보더라도 경험과 지식이 풍부한 사람은 매출액의 크기만 보지 않는다. 매출액의 변화, 직원 1인당 매출액, 단위 면적당 매출액, 매출 구성, 주요 고객 등 다양한 관점에서 숫자의 의미를 해석한다.

흐름 받을 돈은 선불제로 하고 줄 돈은 후불제로 한다

돈을 고여 있는 돈과 흘러가는 돈으로 구분할 수도 있다. 월급쟁이는 고여 있는 돈이 중요하다. 월급과 저축 등으로 고여 있는 돈에 맞추어 생활하면 된다. 내 사업에서는 돈이 흘러가는 게 중요하다. 개인에게는 '현금이 최고cash is king'라고 하지만 사업가에게는 '현금 흐름이 최고cash flow is king'다. 현금 흐름이 끊기지 않고 원활하게 흘러가야 회사가 돌아간다. 회사에 현금이 들어오고 나가는 과정을 현금 흐름이라고 한다. 같은 금액의 돈이라도 오늘 입금되고 나갈 돈은 내일 출금되면 현금 흐름에는 아무런 문제가 없다. 돈은 내일 들어오는데 오늘 그만큼 출금되어야 한다면 문제가 생긴다.

고객에게 상품을 판매하고 돈을 받는 방법에는 선불제와 후불제가 있다. 선불제는 미리 돈을 받고 상품을 판매하는 방식이다. 후불제는 미리 상품을 판매한 후 나중에 돈을 받는다. 만약 B2C 사업이라면 같은 사업 아이템이라도 선불제와 후불제를 정할 수 있다. 예를 들어 대부분의 식당은 후불제다. 식사를 다 마친 후에 나가면서 돈을 낸다. 간혹 돈을 내지 않고 무전취식으로 입건되는 경우도 생긴다. 금액이 맞다 틀리다 하면서 고객과 갈등이 생기기도 한다. 식당 입구에 티켓 자동판매기를 도입하면 선불제가 된다. 고객은 자동판매기에서 먹고 싶은 요리를 선택한 후에 돈을 넣고 티켓을 받는다. 종업원에게 티켓을 주면 음식을 받는다. 최근에 우리나라 식당에도 티켓 자동판매기가 많이 늘어나고 있다. 인건비가 절감되기도 하지만 선불제로 돈을 받는 효과도 크다.

기업 간의 거래인 B2B에서는 후불제가 상식이었다. 고객 기업의 요구 조건에 맞추어 상품을 납품한 후에 돈을 받는다. 경우에 따라서는 납품하고 몇 달이 지나서야 돈이 들어온다. 만약 고객 기업이 부도라도 나면 연쇄 부도가 나기도 한다. 하지만 기업 간의 거래에서도 최근에는 선불제가 낯설지 않다. 특히 IT 비즈니스가 탄생하면서 고객 기업에게 돈을 먼저 받고 나중에 상품이나 서비스를 제공하는 방식이 많이 보급되었다.

받을 돈은 먼저 받고 줄 돈은 나중에 주면 아무런 문제가 없다. 사업 모델을 구상할 때 어떻게 하면 선불제가 가능한지 궁리해야 한다. 돈이 먼저 나가고 나중에 고객에게서 돈을 받는 방식이라면 주의해야 한다. 만약 현금 흐름에 문제가 생긴다면 기업 생존에 위협이 된다. 사업에서 다루는 돈은 규모가 크기 때문에 돈이 모자란다고 해서 개인의 능력으로 보충할 수도 없다. 회사에 고여 있는 돈이 없어도 현금 흐름이 좋다면 경영에는 큰 문제가 없다.

사업을 하다보면 이번 고비만 넘기면 된다고 하는 상황이 하루건너 찾아온다. 회사의 고비라는 게 대부분 돈을 필요로 한다. 사업을 시작한 초기에는 통장에 어느 정도 돈이 들어 있지만 처음에 준비했던 자본금은 빛의 속도처럼 빨리 사라진다. 이번에 이 정도의 돈을 투자하면 몇 배로 크게 벌 수 있다는 생각이 들면 돈을 빌려서라도 투자하고 싶어진다. 누가 돈을 빌려준다면 어디든지 달려간다. 아무 돈이라도 쓰고 싶다. 오죽하면 미국 격언에 자녀 학자금은 절대로 손대지 말라는 말이 다 있겠는가? 현실적으로는 가족이나 친척에게서 돈을 빌려 내 사업에 투자하기 쉽다. 이런 행동은 매우 위험한데, 만에 하나 사업이 실패하면 온 집안이 풍비박산 난다.

은행에서 돈을 빌리지 못하니까 가족이나 친척에게서 돈을 빌린다. 이런 상황은 가능한 한 피해야 한다. 친구에게 돈을 빌리기도 한다. 이 역시 나중에 후회할 일이 생긴다. 친구에게서 빌린 돈을 갚지 못해 본의 아니게 친구도 잃고 돈도 잃는 경우가 다반사다. 돈이 없으면 없는 조건에서 내 사업을 생각하고 돈이 필요하면 투자기관에서 투자를 받거나 은행에서 빌릴 수 있도록 노력해야 한다. 은행에서 융자를 받을 수 있다면 매월 균등 상환하는 경우를 생각한다. 수입이 없어 상환을 3개월 연체하면 은행에서는 융자 금액 전액을 갚으라고 요구하기 시작한다. 그러므로 연체가 시작되면 즉시 비상사태를 선언하고 비상 계획을 세워야 한다. 아무리 급해도 제2금융권은 피해야 한다. 대출 금리가 너무 높다. 사업해서 열심히 돈을 벌어 이자로 다 주는 꼴이 된다.

돈이 없으면 없는 대로 할 수 있는 일이 무엇인지 파악하는 게 먼저다.

내 사업을 막 시작했을 땐 아무런 신용이 없다. 당연히 은행에서 돈을 빌려주지도 않는다. 법인명의의 신용카드조차 만들기 어렵다. 은행은 비가 오면 우산을 빌려주지 않는다고 말하지만 사실은 내 손에 있는 우산조차 뺏어 가려고 한다. 나는 도쿄에서 내 사업을 시작하였는데 처음에는 은행에서 회사 명의의 법인 계좌를 만들기도 어려웠다. 은행에서는 어떤 회사인지 확인한 후에야 계좌를 만들어줬다. 회사에 폭력단의 자금이 유입되지는 않았는지, 사회에 물의를 일으킬 사업은 아닌지 하나하나 따져 물었다. 나는 헝가리 부다페스트에서도 회사를 만든 적이 있다. 헝가리에서 법인 계좌를 만들 때는 변호사가 동행해서 도와주었는데 은행에서는 폭력단과 테러 조직의 자금 세탁이 아닌지 의심하는 눈초리로 보는 것 같았다.

신용을 쌓는 건 어렵지만 무너지는 건 한순간이라고 한다. 자신이 아무리 신용이 높다고 주장해도 의미가 없다. 개인의 신용은 타인이 평가하기 때문이다. 신용을 쌓으려면 시간을 길게 가져가야 한다. 오랜 기간 동안 반드시 약속을 지킨다는 걸 결과로 보여줄 수밖에 없다. 약속을 한 대상이 고객이든 납품업자든 직원이든 한 번 약속하면 반드시 지켜야 한다.

만약 당신이 현재 직장을 다니면서 신용을 쌓고 싶다면 경제지 〈포브스〉의 조언을 따라도 좋겠다. 다음은 리더로서 신용을 쌓는 방법에 대해 소개한 내용이다.

- 결과를 만든다.
- 솔직하게 대한다.
- 어려운 판단을 피하지 않는다.
- 일관적인 태도를 유지한다.
- 모범을 보인다.

이 잡지에는 도저히 신뢰할 수 없는 리더가 사용하는 말도 소개했다. 만약 당신이 직장에서 다음과 같은 말을 자주 사용한다면 얼른 고치는 게 좋겠다.

"이 규칙은 내가 만든 것이 아니다. 나도 따르는 입장이다."

"비즈니스에서는 누구나 나 자신밖에 생각하지 않는다."

"나는 내 의견을 내려고 채용된 게 아니다. 너희도 마찬가지다."

"규칙은 규칙이다. 예외는 인정하지 않는다."

"너의 문제는 네 스스로 해결해라. 나는 듣고 싶지 않다."

흐름 **매출이 발생할 때까지는 무조건 돈을 아낀다**

어떤 사업 아이템을 선택하든 수중에 자금이 충분하게 있는 경우는 드물다. 퇴직금에 저축한 돈을 더해도 모자라기 마련이다. 이런 때에는 두 가지 방법이 있다. 하나는 융자를 받거나 친척에게 빌려서 큰돈을 만드는 방법이다. 이는 매우 위험한 방법이다. 혹시 잘못되면 주변의 모든 사람에게 피해를 준다. 또 하나는 작게 시작하는 방법이다. 현재 가진 돈에 맞추어 조그맣게 시작하는 방법이다. 자존심을 버리고 낮은 위치에서 혹시 실패하더라도 스스로 감수할 수 있을 정도로 시작한다.

이런 생각을 할 수도 있겠다. '내 사업을 시작하면 금방 투자가가 나타나서 거액을 투자할 수도 있겠다!' 만약 이런 생각을 하고 있다면 꿈을 깨는 게 좋다. 이론으로는 가능하지만 현실은 아니다. 지금은 세계 최고의 기업인 구글도 초기에는 자금 조달에 애를 먹었다. 아무도 투자하려고 하지 않았기 때문에 구글은 최초의 자금 조달까지 350번 사업 설명회를 개최했다고 한다. 다르게 말하자면 350번 거절당했다는 이야기다. 내 사업은 작게 시작해야 한다. 잘 되면 크게 키운다. 내 사업에는 '전략적인 기다림'이라는 발상이 필요하다.

내 사업을 일단 시작하면 아무리 적은 매출이라도 빠른 시기에 일어나는 게 중요하다. 사업을 시작한 당일부터 돈이 들어오는 업종도 있지만 몇 달이나 몇 년 동안 제대로 돈이 들어오지 않는 업종도 있다. 기술 벤처라면 상품 개발부터 시작해서 첫 매출까지 시간이 많이 필요하다. 이런 때 초조함을 버리려면 시간 축을 길게 잡아야 한다. 아무리 좋은 상품을 개발하더라도 고객이 이 상품을 알고 구입하기까지는 시간이 걸린다. 상품이 아무리 좋아도 이를 모르는 고객이 훨씬 더 많다. 근거는 없어도 긍정적인 마인드를 가져야 한다. 아무리 힘들더라도 '설마 굶어 죽기야 하겠어'라고 생각한다.

내 사업을 시작하고 매출이 생기지 않으면 돈이 부족하므로 아껴 쓸 수밖에 없다. 가장 큰 지출은 인건비다. 인건비를 줄이려면 직원 채용을 자제해야 한다. 직원이 거의 없으니 가급적 모든 일을 혼자 해야만 한다. 직원을 채용할 때에도 주의할 점이 있다. 직원이 사직하면 지속할 수 없는 기술이나 상품을 사업 아이템으로 하면 안 된다. 식당이라면, 요리사가 그만두었을 때 더 이상 만들지 못하는 음식을 메뉴에 넣으면 안 된다. 스스로 만들지 못하는 음식은 메뉴가 될 수 없다. 식당의 메뉴는 사실은 공산품이다. 누가 몇 인분 조리해도 항상 같은 맛이 나야 한다.

내 사업을 하면 세무서에 내는 서류도 많고 법원에 내는 서류도 생각보다 꽤나 많다. 한 번 내면 끝나는 서류도 있고 정기적으로 반복해서 내야 하는 서류도 있다. 서류 작업은 그 자체로 매출을 일으키지 않기 때문에 귀찮기도 하고 날짜를 잊어버리기도 한다. 바쁜 와중에 실수 없이 서류를 제출하려면 미리미리 확인해야 한다. 서류 제출하는 게 싫어 회사를 만들지 않는다는 사람도 있을 정도다. 외주를 주는 방법도 있지만 비용이 들기 때문에 스스로 하는 경우도 많다. 시간은 돈이다. 서류 작업을 하는 데 걸리는 시간도 모두 돈이다. 지출하는 현금은 최대한 아껴야 하기 때문에 서류 작업은 가능한 한 빨리 할 수 있도록 노하우를 익혀두도록 한다.

가격 가격은 고객을 유혹하는 미끼다

내 사업을 하면 직원들과 회식할 일이 생긴다. 도쿄에서 사업을 할 때 회식으로 종종 한국식 갈비 식당을 찾았다. 주문하는 메뉴는 갈비를 비롯해서 다양한 부위의 고기, 김치, 나물이며 여기에 맥주나 소주가 더해진다. 내장을 좋아하는 직원은 별도로 내장을 주문해서 먹었다. 다들 맛있게 배부르게 먹는다. 회식이 거의 끝나갈 무렵이 되면 항상 하는 게임이 있다. 현 시점까지 먹은 음식의 총 가격을 예상해 맞추는 게임이다. 가장 근접한 금액을 맞춘 직원에게는 상금으로 현금 2만 원을 준다. 회사 공금이 아니라 내 개인 돈이다. 게임을 처음 시도했을 때에는 직원들이 예상하는 금액의 편차가 너무 컸다. 최대 가격과 최소 가격이 거의 두

배나 차이가 났다. 직원들은 모두 일본인이고 음식은 한식이라 가격에 대한 감각이 무뎌서 그랬던 모양이다. 하지만 가격 맞추기 게임을 몇 년 동안 계속했더니 나중에는 모든 직원이 거의 정확하게 가격을 맞추는 수준에 도달하였다. 일등과 꼴찌의 차이는 겨우 몇 천 원에 불과했다.

요즘은 도시락 회의에서 이 게임을 써먹는다. 대학에서 가끔 도시락을 먹으면서 회의할 때가 있다. 최근에는 우리나라 도시락도 크고, 화려하고, 비싸게 변신하고 있다. 종류도 다양해서 불고기, 초밥, 생선구이, 중식 요리 등 없는 게 없다. 도시락을 앞에 두고 참석자들에게 묻는다. "이 도시락은 얼마일까요?" 참석자 중에 근사치라도 가격을 맞추는 사람이 거의 없다. 남의 돈으로 먹으니 굳이 신경 쓸 필요가 없다고 생각한다.

고백하자면, 이 게임은 내가 창안한 게 아니다. 어느 글로벌 대기업 임원에게서 배웠다. "가격을 모르는 월급쟁이는 출세하지 못 한다." 어디서 무얼 먹든 이게 얼마짜리인지 물어보고 확인했다. 여러 명이 함께 회식을 한다면 전체 비용이 얼마인지 예상해보기도 했다.

이 습관이 몸에 배니까 나에게 변화가 일어났다. 가격을 보는 눈이 달라졌다. 처음 계획했던 예산과 실제가 어느 정도 차이가 나는지 판단한다. 차이가 크게 난다면 왜 이런 차이가 나는지 원인을 파악한다. 상품 가격에 어떤 전략이 숨어있는지도 궁리한다. 가격이 생각보다 비싸면 비싼 대로 저렴하면 저렴한 대로 전략이 있다. 어느 기업이든 가격에는 반드시 전략이 있기 때문이다. 가격 전략을 이해하면 사업 모델을 이해하기 쉽다.

가격은 고객과 기업 간의 줄다리기다. 어릴 적에 줄다리기를 한 사람은 안다. 이편과 저편으로 나뉘어 줄다리기를 하면 꼭 덩치가 큰 쪽이 이기는 건 아니다. 팀 전체가 한 몸이 되어 리듬을 타고 움직이는 편이 이긴다. 가격도 마찬가지다. 가격을 보고 싸다고 느끼거나 비싸다고 느끼는 건 반드시 금액의 크기만이 문제가 아니다. 만족감을 기준으로 가격을 비교한다. 그러다보니 같은 가격이라도 느껴지는 가치는 다르다. 신념이나 감정에 따라서도 달라진다. 같은 음식을 같은 가격에 먹는데 이 식당에서는 싸다고 느끼고 저 식당에서는 비싸다고 느낀다. 가격은 절대치가 아니고 상대치가 중요하다. 가격은 절대적인 가치보다 상대적인 가치가 훨씬 더 강하기 때문이다.

고객의 이런 마음을 활용한 재미있는 사업 모델을 생각해보았다. 고객과 밀당하면서 인터넷에 상품을 판매하는 방식이다. 우선 판매하는 모든 상품의 정보를 다 공개한다. 입하한 수량과 가격도 포함한다. 재고 수량과 가격을 할인하는 시기도 함께 공개한다. 이번에 새로 들어온 셔츠가 있다고 하자. 한 벌 당 10만 원이다. 시간이 지날수록 가격이 싸진다. 가격을 할인하는 시기와 할인 폭을 미리 공개한다. 2주일 후에 20퍼센트 할인하고 한

달 후에는 70퍼센트 할인한다는 식으로 말이다. 들여온 수량도 공개하고 판매한 개수도 공개한다. 만약 10벌 들어왔는데 현재까지 3벌 팔았다면 현재 7벌 남아 있다고 밝힌다. 조금이라도 싸게 사고 싶은 고객은 재고 수량에 신경을 쓰면서 수시로 사이트를 방문하게 된다. 만약 이 셔츠가 너무 마음에 드는 고객이라면 재고가 하나밖에 남지 않았다고 하면 고민이 될 것이다. 다음 할인 시기까지는 아직 며칠 더 남아 있다. 어떡할까? 할인 받지 못하더라도 지금 당장 구입하고 싶다. 이 기업에서는 많이 할인해주려고 했지만 할인 기간까지 재고가 남지 않았다면 어쩔 수 없다. 변화하는 가격을 두고 기업과 고객은 줄다리기를 한다.

가격이 비싸다고 해서 반드시 돈이 많은 고객만 구입하지는 않는다. 베이비 붐 세대는 자신이 좋아하는 브랜드나 상품에는 아낌없이 돈을 쓴다. 그 대신 자신이 좋아하지 않는 브랜드나 상품에는 눈길도 주지 않는다. 천 원짜리 상품만 파는 매장에 가는 고객이라 해서 모두 가난한 사람도 아니다. 고급 수입품을 산다고 해서 부자도 아니다. 예를 들어 비싼 넥타이를 구입하는 사람은 대개 다른 사람에게 선물하기 위해서다.

가치가 있다고 느끼면 가격은 별 문제가 되지 않는다. 하지만 가격이 가치에 걸맞지 않으면 구입하지 않는다. 천 원짜리 상품이 아무리 싸더라도 가치를 느끼지 못하면 구입하지 않는다. 공짜로 준다고 해도 사용하지 않는다. 고객의 만족감은 가격만

이 아니라는 이야기다. 상품의 기능, 구입할 때의 감정, 구매할 때 매장의 분위기처럼 가격이 아닌 항목이 만족감에 영향을 준다. 고객은 이성적이지 않고 감정에 좌우된다. 이 사실을 다양한 실험을 통해서 밝힌 학문이 행동경제학이다. 기업은 고객이 이성적으로 판단하지 않는다는 사실을 적극적으로 이용한다. 예를 들어 고객의 감정을 자극하여 만족감을 주려고 한다. 고급스러운 실내, 청결한 화장실, 웃으면서 인사하는 종업원을 배치하는 대신 가격은 약간 비싸게 설정하기도 한다.

가격이 싸다고 해서 모든 고객이 다 좋아하는 것도 아니다. 가구 회사인 이케아는 상품 가격이 상대적으로 저렴하지만 그 대신 고객이 직접 조립해야 한다. 나처럼 게으른 고객이라면 이케아 상품을 좋아할 리가 없다. 내가 살고 있는 아파트 상가에 옷 수선하는 가게가 있다. 바지 길이를 짧게 하는 정도라면 작업 시간도 빠르고 가격도 싸서 좋다. 그런데 이 가게에서는 고객이 맡긴 옷을 마치 헌옷을 쌓아두듯 보관한다. 옷을 찾으러 가면 내 옷이 한쪽 구석에 처박혀 있고 실밥도 많이 묻어 있다. 가격이 아무리 싸도 전혀 즐겁지 않다. 주변에 다른 수선 가게가 없으니 이 집에 갈 뿐이다.

가격 100만 원짜리 갈비탕에도 전략이 숨어 있다

기업은 고객이 가격에 민감하게 반응한다는 사실을 거꾸로 이용해서 고객에 따라 다양한 가격 체계를 만든다. 가격 체계가 복잡하면 고객마다 가격 차별화를 할 수 있다. 휴대전화 요금제를 보면 알 수 있다. 휴대전화 요금제는 다양한 지원 제도와 할인 제도를 섞어서 복잡하게 만든다. 고객은 통신사 가격을 비교하기 어렵다. 요금제가 너무 복잡하다 보니 고객은 쓸데없이 비싼 요금을 내는 경우에도 자신이 바가지를 쓰고 있다는 의식이 없다. 가격의 의미를 알지 못하기 때문이다. 일단 계약하고 나면 사용하고 있는 요금제를 잘 바꾸지도 않는다. 어차피 잘 모르기 때문에 요금을 비교하지도 못한다. 만약 내용을 잘 알고 이를 따지는 고객이 있다면 통신사는 이 고객에게만 할인 혜택을 주면 된다.

식당에서는 보통 가장 비싼 메뉴, 중간 가격 메뉴, 매우 싼 메뉴의 세 종류를 마련한다. 만약 1만 원, 3만 원, 10만 원 하는 메뉴라면 대부분의 고객들은 중간 가격인 3만 원짜리 메뉴를 선택한다. 가장 비싼 10만 원 메뉴는 중간 가격인 3만 원짜리 메뉴를 많이 팔기 위해서 마련한 장치에 불과하다. 그럼에도 가장 비싼 메뉴를 주문하는 고객이 있다면 비싸게 팔면 된다. 세 종류의 메뉴는 기본 구성은 거의 똑같지만 추가되는 내용이 약간 다를 뿐이다. 가전제품이나 자동차라면 디자인이 약간 다르거나 거의

사용하지 않는 기능이 약간 추가되는 정도다.

기업 입장에서 생각하면 기본 사양의 상품은 대개 영업이익률이 높지 않다. 영업이익률이란 매출액 대비해서 영업이익이 차지하는 비율을 말한다. 아무리 매출이 많아도 영업이익이 높지 않으면 남는 게 없는 사업이다. 일반적으로 부가 기능을 옵션으로 많이 붙일수록 영업이익률이 높아진다. 총 매출이 같더라도 싼 상품을 많이 팔기보다 비싼 상품을 적게 파는 편이 이익률이 높다. 더 많은 이익을 낸다는 의미다. 1만 원과 2만 원이라면 2만 원하는 상품의 가치가 1만 원짜리 상품의 두 배가 되기는 어렵다. 3만 원짜리 상품이 1만 원짜리 상품보다 세 배의 가치를 하지는 않는다. 기본 사양에 약간의 부가가치를 더해 가격을 올리는 방식은 어디서나 볼 수 있다.

만약 삼계탕을 먹으러 간다면 삼계탕, 전복 삼계탕, 산삼 삼계탕의 가격이 크게 다르다. 가격이 비싼 상품으로 갈수록 영업이익률이 높다. 고급 기능이 추가될수록 이익률이 높아진다. 매력적인 부가가치가 추가되면 기꺼이 돈을 지불하는 고객이 있기 때문이다. 개인의 취향에 딱 맞는 부가가치라면 비싸더라도 구입하는 고객이 반드시 있다. 산삼 삼계탕은 다른 삼계탕보다 훨씬 비싸기 때문에 본인이 먹으려고 주문하는 사람은 드물다. 접대하는 자리라면 가격이 중요하기 때문에 가장 비싼 산삼 삼계탕을 주문할 수 있다. 산삼 삼계탕이라고 해봐야 삼계탕에 작은 산삼 뿌리를 하나 넣었을 뿐이다.

내 사업을 생각할 때에는 상품의 가격을 올리거나 내릴 때에 약간의 가감을 하는 정도가 아니라 아예 10배나 100배를 생각해볼 필요가 있다. 플러스 차별화나 마이너스 차별화가 아니라 슈퍼 차별화를 하는 방식이다. 예를 들어 갈비탕은 어느 식당에서나 한 그릇에 1만 원 정도 한다. 어떤 식당에서는 가격을 낮추어 고객을 늘리기 위해 갈비 양을 약간 줄이고 9,000원에 판매한다. 혹은 갈비 양을 약간 늘리고 11,000원에 판매하기도 한다. 경쟁자보다 10퍼센트 가감된 가격이다. 이 정도 차이라면 고객은 뭐가 다른지 차별화 요소를 이해하지 못한다. 가격이 약간 비싸다거나 약간 싸다는 느낌을 받는 정도다.

하지만 한 그릇에 10만 원하는 갈비탕이라면 어떨까? 놀라서 메뉴를 다시 한 번 쳐다볼 거다. 만약 100만 원하는 갈비탕이라면 고객은 자신의 눈을 의심하게 된다. 메뉴에 숫자를 잘못 적었다고 생각할 수도 있다. 실제로 한 그릇에 100만 원하는 갈비탕이 있을까? 이 가격의 핵심 가치는 갈비탕이 아니라 갈비탕을 담는 그릇에 있다. 갈비탕을 다 먹고 나면 그릇을 포장해서 가져가라고 준다. 갈비탕은 사실은 공짜다. 만약 최첨단 신소재로 만든 그릇이라면 혹은 비싼 골동품이라면 100만 원이라는 가격에 수긍할 수 있다. 이렇게 생각하면 10만 원 하는 커피도 만들 수 있다. 커피는 공짜이고 커피 잔을 10만 원에 파는 식이다.

비싸면 사지 않는다고들 말하지만 높은 가격 전략은 의외로 주변에 많이 있다. 가방이나 의류에 초고가의 가격을 매기는 전략이다. 남에게 나의 능력을 과시하기 위해서 일부러 고가의 수입 가방을 들거나 고가의 자동차를 구입하는 사람을 위해서다. 과시하기 위한 상품이기 때문에 가격은 비쌀수록 좋다. 이런 현상을 해석하는 이론이 값비싼 신호 이론costly signaling theory이다. 상대방이 어떤 신호를 보낼 때 이 신호가 진실한지 여부는 신호 자체에 담긴 비용에 비례한다는 이론이다. 진화심리학자 제프리 밀러가 주장했다.

가격에 대해 많은 이야기를 했지만 결론은 간단하다. 내 사업을 하는 사람은 가격에 대해 완벽하게 공부해야 한다. 가격은 고객에게 보내는 손짓이기 때문이다.

6

WHO — 사람:
'누가' 함께할까

Q 내 사업에는 '누가' 함께할까?

사업에서 가장 중요한 요소를 하나만 뽑으라면 역시 사람이다. 내 사업
이라고 해서 나 혼자 잘나면 되는 게 아니다. 사업을 함께하는 파트너가
있고, 서로가 서로를 전폭적으로 신뢰할 수 있다면 아주 바람직하다. 직
원과 고객은 내 사업을 성공으로 이끌어주는 두 바퀴다.

✅ 체크리스트

☐ **내 사업을 함께할 파트너는 몇 명인가?**

크게 성공한 기업을 보면 두 명이나 세 명이 함께 사업을 시작한 사례가
많다. 파트너는 업무를 나눈다는 의미도 있지만 두려움과 고통을 함께

나눈다는 의미도 강하다. 파트너가 자신보다 더 좋은 혜택을 누려도 괜찮은 경우에만 파트너로 받아들여야 한다.

☐ 창업 후 1년 이내에 채용할 직원은 몇 명인가?

직원은 내 사업을 실행하는 사람이면서 동시에 월급을 받고 자신의 인생을 살아가는 생활인이다. 직원은 쉽게 채용하고 쉽게 해고하는 대상이 아니다. 한번 채용하면 끝까지 책임을 진다는 자세가 필요하다. 직원 숫자는 약간 적게 유지하는 게 좋다.

☐ 첫 상품의 고객은 누구인가?

첫 고객은 나 자신이다. 하지만 자신 이외의 고객에게 상품을 팔아야 회사가 돌아간다. 고객은 주변에 있다. 다니던 직장이나 이미 알고 있던 사람이 첫 고객이 될 가능성이 높다. 고객은 가까운 곳에서 시작하여 점점 더 먼 곳을 향해 나아가며 찾는다.

동행 50대 50이 아니라 49대 51이 가능해야 좋은 파트너다

혼자서는 내 사업을 할 수가 없다. 사업 파트너 혹은 동료가 있다. 사업이 커지면 직원도 채용해야 한다. 상품의 재료를 공급하는 업자가 있고 상품을 생산하는 제작 업체와 상품을 구입하는 고객도 있다. 내 사업을 준비하는 과정 중에 이들 모두와의 관계를 고려하여야 한다. 사업에서 가장 중요한 한 가지 요소를 꼽으라면 '사람'이다. 어떤 사람과 어떤 관계를 갖느냐에 따라 사업의 미래가 변하기 때문이다. 내 사업을 차별화하고 싶다면 사람과의 관계에 집중하는 게 으뜸이다.

그중에서도 가장 먼저 생각해야 하는 게 파트너다. 현실적으로 주변에서 파트너를 찾기가 쉽다. 친한 친구가 사업 파트너가 되는 경우가 많다. 같은 회사를 다니던 동료가 사업 파트너가 되는 경우도 많다. 예를 들어 네이버는 삼성SDS의 사내 벤처로 시작하였는데 책임자 이해진의 창업 멤버는 직장 동료들이었다. 또한 인터파크는 LG 데이콤의 직장 동료들이 사내 벤처로 시작한 사업이었다. 아주 오래된 사례이긴 하지만 두 집안이 사업 파트너로 협력해서 성공한 기업인 금성도 있다. 허씨 가문과 구씨 가문이 함께 경영한 사례로 유명하다. 현재는 LG 그룹과 GS 그룹으로 분할되었다. 이렇게 주변에서 파트너를 찾는 건 우리나라에만 있는 사례가 아니다. 외국의 경우도 마찬가지다. 구글은

세르게이 브린과 레리 페이지 두 사람이 창업했다. 이들은 스탠포드 대학의 기숙사 룸메이트다. 에어비앤비는 로드 아일랜드 디자인 스쿨 동창인 브라이언 체스키와 조 게비아가 사업 아이디어를 만들었으며 게비아의 룸메이트였던 네이선 블레차르지크가 합류하여 3명으로 시작했다. 알리바바는 마윈을 포함한 친구 18명이 함께 시작하였다.

이렇게 지인들과 창업하는 경우, 적어도 이익 배분과 업무 비중에 대한 비율을 명확히 할 필요가 있다. 흔히들 두 사람이 파트너가 되면 이익과 업무를 50대 50으로 나누자고 협의한다. 공평하기 때문이다. 하지만 이런 동업 관계는 금세 위태로워진다. 이익은 51 이상을 가져가면서 업무는 49 미만을 한다고 서로 비난하기 쉽다. 예를 들어 한 사람은 영업을 하고 또 한 사람은 개발 일을 하기로 했다고 하자. 이런 경우 영업비에 대한 평가와 개발비에 대한 평가가 서로 다르기 마련이다. 업무 강도에 대한 의견 역시 다를 수 있다. 그러므로 두 사람이 파트너가 되어 함께 사업을 시작했다면 50대 50에 대한 해석을 다르게 해야 한다.

서로가 '나는 이익을 49를 가져가되 업무는 51을 하겠다'라고 생각해야 한다. 그 대신 '파트너는 이익을 51 가져가더라도 업무는 49만큼 해도 좋다'라고 생각한다. 이런 방식을 적용해도 아무런 문제가 없어야 한다. 만약 51대 49를 받아들이지 못하겠다면 50대 50 동업을 해서는 안 된다. 동업은 아니지만 업무 파트너가 필요하다면 한 사람이 절대 권한을 가지는 것도 방법이다. 한 사람이 3분의 2 이상의 권리와 의무를 가지고 다른 한 사람은 3분의 1 이하의 권리와 의무를 가진다. 이런 회사는 사실상 한 사람의 회사다. 주주의 3분의 2 이상이 찬성한다면 회사의 모든 의결 사항은 가결되기 때문이다.

파트너를 구하고 동업하기로 정했다면 계약서를 작성해야 한다. 사업을 시작하기 전에 만나 사업을 논의할 때에는 아무 말이나 다 해도 마냥 좋을 것이다. 파트너가 이 세상에서 가장 합리적이고 자신을 가장 잘 이해해주는 사람처럼 보일 수도 있다. 하지만 막상 사업이 시작되어 일을 하고 돈이 돌면 지금까지 서로 나누었던 수많은 대화는 아무 소용이 없어진다. 계약서에 어떻게 적혀 있는지가 중요하다. 계약서가 없다면 다툼이 시작될 수 있다. 절대로 동업하지 말라는 사람도 많다. 정확하게 말하자면 '계약서 없이는 절대로 동업하지 말라.'

동업 계약서를 작성할 때 체크할 항목
- 사업의 내용
- 출자금의 액수, 방법, 시기
- 역할 분담
- 수익 배분 방식
- 손실 분담 비율

- 정산 시기
- 탈퇴 방법
- 퇴사 후 수익 분배 및 소유권 이전 등의 행정 처리
- 동업 해산 및 청산 후 자산 배분
- 매각 시 지분 분배

적어도 이 정도는 확인해야 하는데 이 외에도 사업의 종류에 따라 내용을 추가할 수 있다. 계약서가 상세할수록 파트너와의 동업은 오래 안정적으로 지속된다. 미국 메이저리그에서 활약하는 야구선수들은 구단과 계약할 때 반드시 변호사가 계약서를 확인한다. 선수 본인은 시합에만 나갈 수 있다면 좋다고 생각하겠지만 변호사의 생각은 다르다. 책 한 권 분량의 계약서를 다 보면서 문구 하나 숫자 하나도 놓치지 않는다. 나중에 소송의 원천이 될지도 모르기 때문이다.

직원 **직원 한 명이 내 사업의 운명을 바꿀 수 있다**

다음은 경영자들 사이에서 아주 유명한 한 경영자의 이야기다.

"나는 약한 자다. 특별한 기술도 없고, 모아놓은 재산도 없고, 아는 사람 중에 권력자도 없다. 모든 게 고만고만하다. 여기

에 더해 끈기가 없고 금방 싫증을 내는 성격이다. 나는 이렇게 약한 자이지만 나보다 훨씬 더 약한 자가 있다. 이 사람은 누구와 비교해도 약한 자다. 이 사람은 너무 가난해서 어릴 적부터 일을 하지 않으면 끼니를 때울 수가 없었다. 학력은 초등학교 4학년까지 다닌 게 전부다. 몸은 허약하고 건강까지 좋지 않다. 이런 사람도 사업을 할 수 있을까?"

이런 사람도 사업을 하였다. 가난하기에 더욱 부지런히 일했다. 아는 게 없으니 세상 사람 모두를 스승이라 여겼다. 몸이 허약하여 겨울에 냉수마찰을 해서라도 건강을 유지하려고 노력했다. 이 사람은 자신이 약한 자로 태어났다는 사실을 하늘이 일부러 내려주신 시련이라고 생각했다. 그 결과 이 세상에 둘도 없을 정도로 약한 사람이 자기 사업을 해서 크게 성공했다. 요즘 사람들은 이 사람을 '경영의 신'이라고 부른다. 바로 마쓰시타 고노스케다. 파나소닉을 창업하여 글로벌 대기업으로 키운 사람이다. 그가 가장 중요하게 생각했던 자원은 직원이었다. 직원이 회사를 위해 전심전력을 다하는 행동이야말로 경쟁 기업과 다른 가장 큰 차별화라고 믿었기 때문이다. 상품 차별화가 아니라 '사람 차별화'다. 약한 자일수록 다른 무기들로 경쟁하기 어렵기 때문에 사람 차별화에 노력해야 한다.

직원 숫자가 회사의 파워를 나타낸다고 여기는 경영자도 있다. 하지만 직원 숫자가 많다고 해서 사회에 영향력이 큰 회사라는 의미는 아니다. 직원 숫자와 매출액이 반드시 비례하지도 않는다. 회사가 성장하더라도 직원 숫자는 가급적 적은 게 좋다. 적은 숫자의 인력으로 같은 성과를 낸다면 1인당 생산성이 높다는 의미다. 1인당 생산성이 높으면 조직원의 월급을 올리거나 신규 투자를 할 여력이 생긴다.

사업 규모가 조금 커지면 본격적으로 직원을 채용해야 한다. 요즘 일자리를 구하기 어렵다고 하지만 소기업으로서는 직원을 구하기가 어렵다. 당신이라면 당신이 창업한 현재의 회사에 입사하고 싶을까? 소기업에서 좋은 사람을 채용하기 어려운 건 입장을 바꾸어 생각하면 쉽게 이해할 수 있다. 매출도 적고 직원도 몇 안 되는 소기업에 기꺼이 입사하겠다는 사람은 드물다. 직원은 고사하고 아르바이트 직원을 채용하기도 힘들다. 그러다 보니 사업 초기에는 정직원을 채용하기보다 아르바이트 직원이나 비정규직 직원을 채용하기 쉽다.

소기업은 소기업다운 채용 방식이 필요하다. 지인을 통해서 소개를 받는 방식이다. 대기업처럼 공채를 할 수도 없고 제 발로 찾아오는 사람도 없으니 소개받는 게 가장 좋다.

직원 채용은 단순히 한 사람의 일꾼이 늘어나는 게 아니다. 내 사업의 운명을 바꿀지도 모르는 일대의 기로일 수 있다. 경우에 따라서는 내 사업을 망하게 하거나 큰 곤경에 빠뜨릴 수도 있다. 불경에 이런 말이 있다. "한 사람을 알면 한 사람만큼의 번뇌가 생긴다." 직원이 늘어나면 그 수만큼 번뇌도 늘어난다.

잘못된 직원 채용으로 번뇌하는 정도가 아니라 아예 사업을 망치는 경우도 있다. 경주에 있는 프랜차이즈 피자 가게에서 고객에게 피자를 판매하고 영수증을 발행했다. 그런데 영수증 상단에 '(말귀 못 알아 먹는 할배)진상'이라고 적혀 있었다. 이 영수증이 인터넷에 공개되고 파문이 일자 영수증을 발행한 아르바이트 직원은 즉시 일을 그만두었다. 프랜차이즈 본사와 가맹점은 고객을 찾아가 사죄했지만 가맹점은 한동안 영업을 중단할 수밖에 없었다. 아르바이트 직원 한 명의 행동으로 인해 프랜차이즈는 브랜드 가치에 큰 손상을 입었다. 전 세계에서 매장을 운영하는 스타벅스 역시 잊을 만하면 한 번씩 해외 토픽에 등장한다. 고객이 주문한 음료수 컵에 종업원이 고객 이름 대신 찢어진 눈을 그려서 아시아인을 비하했다는 공분을 샀던 사건이 있었다.

반대로 직원 한 명이 회사의 이미지를 크게 높이기도 한다. 학사 출신 월급쟁이 타나카 고이치는 재직 중에 노벨화학상을 수상함으로써 자신이 다니는 회사인 시마즈 제작소의 브랜드 가치를 비약적으로 올려놓았다. 편의점 GS25에서 아르바이트하는 청년이 화재 차량의 운전자를 구했다는 뉴스가 나오자 기업에서는 그가 가맹점 창업을 할 수 있도록 지원하기로 하였다. 직원의 선행으로 기업 이미지가 좋아졌기 때문이다.

고객 **내 사업의 첫 번째 고객은 내 곁에 있다**

만약 사업 모델이 B2B라면 지금 다니고 있는 직장이 내 사업의 첫 번째 고객이 될 수 있다. 이런 경우에는 출발이 매우 순조롭다고 볼 수 있다. 왜냐하면 나와 고객이 서로 잘 알기 때문이다. 나는 직장을 그만두고 내 사업을 시작한 후 제작한 소프트웨어 상품을 재직 시절 인연을 맺은 기업과 연구소에 판매했다. 물론 상품을 높이 평가해야 구입하는 거지, 아는 사람이 만든 상품이라고 해서 무조건 구입하지는 않는다. 다만 내 사업의 가치를 제대로 평가해줄 첫 고객은 생각보다 가까운 곳에 있다는 사실만은 분명하다.

첫 번째 고객의 지인이 두 번째 고객이 될 수도 있다. 이렇게 내 사업의 고객은 가까운 곳에서 출발해 점점 먼 곳으로 퍼져간다. 전혀 모르는 사람이나 외국에 있는 기업까지 내 사업의 고객으로 만들려면 시간이 필요하다.

현재 다니고 있는 직장을 내 사업의 첫 번째 고객으로 만들고 싶다면 현재 직장에서의 업무에도 충실하게 된다. 지금 하고 있는 업무의 완성도를 높이고 주변의 신뢰감을 얻겠다는 마음이 더욱 강해진다. 내 고객의 수준은 곧 나의 수준이다. 나의 수준은 곧 내 고객의 수준이다.

고객 단골과 일회성 고객은 확실하게 구분한다

고객은 단골과 일회성 고객으로 구분하는 게 좋다. 아무리 좋은 상품을 개발하고 판매하더라도 이 세상의 모든 사람을 고객으로 만들 수도 없을뿐더러 모든 고객을 만족시킬 수도 없다. 그러므로 단골에게 집중하고 단골과 일회성 고객은 확실하게 구분해야 한다.

일부러 내 사업의 고객을 제한하는 방식도 있다. 소기업은 고객을 제한할 필요가 있다. 모든 사람을 고객으로 만들겠다는 생각을 버리고 나에게 맞는 고객을 골라야 한다.

직접 돈을 내고 가입하는 유료 회원만 고객으로 한정하는 기업도 있다. 특정한 질환을 앓고 있는 환자만 고객으로 삼는 기업도 있다.

내 사업을 하려면 허황된 생각을 하기보다는 현실을 직시해야 한다. 확보하기 어려운 고객은 과감하게 버리고 극히 제한된 고객에게만 집중한다. 예를 들어 고객 감사 할인 행사를 하더라도 모든 고객이 아니라 단골 고객만 대상으로 하는 방식을 택해보도록 하자. 자주 오던 고객이 한 번 더 오기가 상대적으로 수월하다. 자주 오던 고객이 한 번만 더 와도 매출은 그만큼 더 늘어난다. 생애 가치를 염두에 두고 고객을 평가한다. 관광지의 기념품 매장처럼 모든 고객이 단 한 번만 온다면 처음부터 단골 고객을 만들 생각을 하지 않는다.

첫 고객은 지금 다니고 있는 직장을 중심으로 개척한다고 하지만 새로운 고객은 어떻게 만들어 나가야 할까? 이는 모든 기업에게 공통된 고민거리다. 새로운 고객을 끊임없이 만들 수 있는 비법이 있다면 이것만 팔아도 금세 큰돈을 벌 수 있겠다. 대기업은 광고라도 하지만 소기업은 돈을 많이 들어서 광고를 하기도 어렵다. 상품은 좋지만 팔지 못하는 회사도 많고 요리는 맛있지만 손님이 얼마 안 되는 식당도 많다. 어떻게 하면 새로운 단골을 확보할 수 있을지는 내 사업을 하는 이들에게 영원한 난제다.

동행 **의식적으로 다른 세계의 사람을 만난다**

내 사업을 실행하는 과정은 매우 힘들고 시간도 많이 필요하기 때문에 스스로에게 끊임없이 새로운 자극을 주기가 어렵다. 어떤 상황에서건 스스로에게 계속해서 동기를 부여하고 자극을 줄 수 있는 사람은 극히 드물다. 자신에게 신선한 자극을 주고 내 사업에 새로운 가능성을 찾아줄 가장 가까운 방법은 다른 세계의 사람을 만나 대화하는 것이다. 대부분의 사람은 다른 사람의 모습을 보면서 영향을 받는다. 그래서 강연회도 가고 세미나도 간다. 조찬 모임 같은 자리에도 부지런히 참석한다. 이런 모임을 통해 새로운 사람도 만나고 새로운 아이디어를 구한다는 명분도 있다.

실제로도 그렇다. 내 사업이 속해있지 않은 다른 업종 교류회나 지역 모임에 나가서 전혀 알지 못하던 세계의 이야기를 들으면 내 사업에도 도움이 된다. 특히 전혀 다른 업종에서 일하는 사람을 알게 되면 그간 상식이라고 믿어왔던 것들이 사실은 본인의 편견이거나 주관이었다는 사실을 깨닫기도 한다. 한 가지 생각에 젖어버리면 지금까지의 연장선상에서 벗어나지 못하는 발상만 하게 되고 새로운 아이디어를 만들어 낼 수 없다는 사실도 깨닫는다.

자신이 일하고 있는 업계의 상식이라는 게 사실은 실패의 상식일 수 있다. 왜냐하면 어느 업계든 성공하는 사업보다 실패하는 사업이 훨씬 더 많기 때문이다. 떨어져 있는 다른 업계에서 보면 이해하기 어려운 게 대부분이다. 한 업계에서 오랫동안 일하면서 축적한 개인의 경험은 때로 내 사업을 속박하는 굴레가 될 수도 있다.

업계의 상식에 얽매이면 혁신할 수 없다. 그러므로 다른 세계 사람과 만나 대화하는 건 매우 좋은 시도다. 모임에 참석한 사람들끼리 서로 사업상의 도움을 줄 수도 있다. 여러 번 만나면 경계심을 풀고 서로 호의를 갖게 된다. 항상 만나는 사람하고만 대화하다 보면 어느 틈엔가 좁은 울타리에 갇힌다. 밖으로 나가 사람을 만나러 가자. 가만히 있으면 아무 것도 변하지 않는다. 작은 만남으로 인생이 변하기도 한다.

7
WHEN — 시기:
'언제' 시작할까?

Q '언제' 내 사업을 시작할까?

내 사업과 조금이라도 연관 있는 내용을 모두 분석하고 정리했다고 하더라도 마지막까지 결정하기 어려운 문제가 있다. 바로 사업을 시작할 시기이다. 매일 생각은 하지만 결국 내 사업을 하지 못하는 사람이 태반이다. 정말로 내 사업을 하겠다면 시기를 정하도록 한다.

✔ 체크리스트

□ **준비 기간이 얼마나 필요한가?**

사업은 오늘 생각하고 내일 시작할 수 있는 게 아니다. 사업에 필요한 요소를 하나하나 따져보면서 챙기려면 시간이 필요하다. 지금 하고 있는 일과 앞으로 하고 싶은 사업을 고려하여 얼마나 오래 준비해야 하는지 기간을 정한다. 이 기간을 전략적으로 활용한다.

□ 직장을 다니면서 부업으로 내 사업을 시작할 수 있는가?

사업은 리스크가 큰 행위다. 가능하다면 직장을 다니면서 작은 규모로 훈련하는 게 좋다. 주말을 이용해서 실전 훈련하면 많은 문제점을 발견할 수 있다. 내 사업을 아무리 많이 궁리하더라도 대부분 탁상공론이기 쉽다. 훈련에서 얻은 경험으로 문제를 해결하면서 내 사업을 준비한다.

□ 직장은 언제 그만둘 계획인가?

지금 직장을 다니고 있다면 사직은 내 사업의 출발점과 맞물린다. 직장은 반드시 원만하게 사직해야 한다. 내 사업의 고객으로 만들지는 못하더라도 원수는 되지 말아야 한다. 직장을 그만두고 내 사업을 시작하기 전까지는 정서적으로 불안정하다는 걸 감안해야 한다.

□ 내 사업을 시작해야 할 타이밍은 언제인가?

일단 직장을 사직하면 불안하기 때문에 하루라도 빨리 내 사업을 시작하려 한다. 일단 내 사업을 시작하면 준비가 부족하다고 해서 그만둘 수는 없다. 사업을 시작해야 할 타이밍은 고객 확보와 매출 발생 시기에 맞추어야 한다. 개점휴업은 반드시 피해야 한다.

내 사업을 시작하게 될 계기는 우연하게 오기도 한다. 38세의 어느 날, 나는 운전석에 앉아 앞 차의 뒷유리만 멍하게 바라보고 있었다. 주말의 교통 체증. 꽉 막힌 도로 위에는 수많은 자동차들이 꼼짝도 못하고 서 있었다. 일본에 유학을 가서 박사 학위를 받고 도쿄대에서 근무하던 평온한 나날이었다. 65세까지 정년이 보장되니 해고당할 위험도 없고 국립대학이니 월급이 연체될 일도 없었다. 정년퇴직을 하고 나면 공무원 연금을 받을 수 있으니 비교적 여유 있는 노년 생활도 가능했다. 내 인생에서 지금처럼 평화로운 시기가 또 있었던가?

그런데 마음 한 구석에는 답하기 어려운 질문이 있었다. 나는 정녕 외국에서 직장생활을 하고, 정년퇴직을 하고, 연금 생활자가 되기를 원하는가? 인생을 외국에서 다 보내야 하나? 나는 왜 유학을 왔을까? 이 생활은 내가 진정 원하던 미래인가?

교통 체증은 오랫동안 계속되었고 나는 자연스럽게 나의 과거와 현재와 미래를 생각하게 되었다. 한국에서 다니던 회사를 그만두고 유학을 갈 때에는 박사 학위만 따면 인생이 고속도로처럼 시원한 직선이 될 줄 알았다. 그런데 막상 박사 학위를 받고 대학에서 일을 하게 되니 꼭 그렇지는 않았다. 38세 언저리의 나에게 내 사업이라는 막연한 생각은 여전히 구체성이 없었으며 실현 가능성도 없었다. 당장 내일도 출근해야 했다.

반드시 이날의 교통 체증만이 내 사업을 시작한 계기가 되었다고 말하기는 어렵지만 40세가 된 해에 나는 내 사업을 시작했다. 내 사업을 시작한 계기를 생각하면 가장 먼저 방금 이야기한 순간이 떠오른다.

'직장을 사직하고 내 사업을 시작하는 시기를 조정할 때에는 논리에 근거한 이성적인 판단이 필요하다.' 머리로는 이렇게 생각하지만 실제로는 그렇지 않다. 내 사업을 생각하다 보면 갑자기 가슴이 뜨거워지면서 지금 당장 사업을 시작하고 싶을 때가 있다. 혹은 자신감이 완전히 없어지고 미래가 불안해지면서 영원히 내 사업을 시작하지 못할 수도 있다는 좌절감이 생기기도 한다. 근거 없는 자신감이나 이유 없는 불안감은 모두 감정에 의존한 마음이다.

내 사업을 생각하다보면 마음속에는 희망, 기쁨, 즐거움, 불안, 걱정, 초조가 수십 번 교차한다. 돈에 관한 계산조차 감정이 섞이면 전혀 다른 의미를 가지기도 한다. 천만 원이 크게 보이다가 갑자기 너무 작게 보이기도 한다. 자신의 능력에 대해서도 완벽하게 느껴지다가도 완전히 무능하게 느껴지기도 한다. 무엇이든 스스로의 힘으로 다 해결할 수 있다는 기분이 들다가도 본인의 힘으로는 아무 사업도 할 수 없다는 기분이 들기도 한다. 굳은 신념이 있어 마음만 먹으면 어떤 일도 할 수 있다고 생각하다가도 자신은 우유부단하고 무엇 하나 제대로 끝내는 게 없다고 낙담한다.

자신감이 너무 없어도 문제지만 자신감이 너무 넘쳐도 위험하다. 지금까지의 경력이 화려하고 자신감이 넘치는 사람이 내 사업을 준비하면 교만에 빠질 위험이 있다. 자신만 옳다고 믿기 쉽다. 업계의 모든 사정을 다 알고 있다고 믿는다. 어떤 사람도 자신에게 조언할 정도의 지식과 경험을 가지고 있지 않다고 믿는다. 앞으로 잘 될 거라며 자기 암시를 하는 건 좋지만 너무 지나치면 안 된다. 근거 없는 자신감은 위험하다. 사업에는 수많은 지식과 경험이 필요한데 이 모든 걸 다 가진 사람이 있을 수 없다. 본인 역시 남들과 크게 다르지 않다.

준비 직장을 그만두는 시기는 직렬과 병렬로 조정할 수 있다

내 사업을 위한 항목을 모두 다 체크했다면 마지막 남은 결단은 '언제'이다. 내 사업을 시작할 타이밍과 준비 시간에 관해 체크하고 필요한 사항을 준비한다. 지금 직장을 다니고 있다면 직장을 사직하는 시기도 중요하다. 직장을 그만둔 다음 날부터 내 사업을 시작하는 경우도 있지만 얼마간의 시간을 가지고 본격적으로 준비한 후에 시작하는 경우도 있다. 직장을 그만둔 후에도 내 사업을 시작하는 타이밍은 생각보다 빨라질 수도 있고 늦어질 수도 있다. 본인의 사정과 주변 상황에 따라 타이밍은 계속 변하기 마련이다. 시기를 저울질하는 노력은 내 사업을 준비하기 위한 필수 작업이다.

만약 지금 다니고 있는 직장을 앞으로 20년은 더 다닐 수 있다면 직장을 사직하는 시기는 완전히 본인의 의지에 달려있다. 너무 여유를 부리다보면 행동하기 어렵고 시간만 흘러간다. 오래전부터 내 사업을 생각했으면서도 왜 지금까지 실행에 옮기지 못했을까? 지금 다니고 있는 직장을 그만두지 못하는 이유는 무엇일까? 직장을 그만 두는 게 두렵기 때문이다. 직장의 명함을 버리고 길거리로 나서기 무섭다. 결혼하고 자녀가 있는 사람이 직장을 관두고 내 사업을 하려고 할 때 가장 큰 걸림돌은 대부분 가족이다. 가족을 위해서 안정된 직장과 정기적으로 들어오는 월급이 필요하다. 이 모든 어려움을 극복하고 도전하기 위해서는 용기가 필요하다. 그것도 무척 큰 용기가 필요하다.

아무리 직장을 그만두고 싶어도 그만두면 안 되는 시기가 있다. 지금 다니고 있는 직장을 그만두더라도 아무런 계획이 없을 때다. 나름대로 충분히 준비하고 어느 정도 자신감도 생겼을 때 직장을 그만두는 게 좋다. 이를 위해 아래의 두 가지 방법을 생각할 수도 있겠다. 바로 직렬 방식과 병렬 방식이다.

(1) 직렬 방식

지금 다니고 있는 직장을 사직한 후에 내 사업을 시작하는 방식이다. 보통 내 사업을 시작한다고 말하면 직렬 방식을 생각하기 쉽다. 직장은 들어가기도 어렵지만 그만두기도 어렵다. 직장을 그만두는 시기와 내 사업을 시작하는 시기를 가급적 일치시키려면 첫 고객이 나타날 즈음에 직장을 그만두는 게 좋다. 만약 지금 직장이 내 사업의 첫 고객이 된다면 직장을 그만두고 내 사업을 시작하는 시기를 조정하기 쉽다.

내 사업을 시작하면 즉시 판매할 수 있는 상품이 있고 이미 첫 고객도 확보했다면 이때 역시 적기다. 직장에 따라서는 오래 근무한 직원이 사직하면 직장의 대리점을 권유하거나 직장 업무의 일부를 떼어 외주 작업을 의뢰한다. 이런 경우라면 내 사업을 시작한 첫날부터 고객이 있고 매출이 일어난다. 어떤 상품을 판매하는지도 구체적으로 정해져 있기 때문에 내 사업을 시작하는 시기를 직장과 의논할 수도 있다. 하지만 대부분의 경우에는 내 사업을 시작하고 한참 동안 매출도 없고 고객도 없다. 직장을 그만두는 시점과 내 사업을 시작하는 시점을 기분에 따라 정하면 안 된다.

대부분은 직장을 그만두는 시기와 내 사업을 시작하는 시기가 곧바로 이어지지 않는다. 두 시기 사이에는 빈 기간이 생기는데 이 기간은 일종의 완충제와 같다. 직장을 다니지 않기 때문에 내 사업에 집중할 수 있는 반면 수입은 끊어진다. 수입이 없으면 생활에 곤란을 겪는다. 직장을 그만두고 내 사업을 시작할 때까지 적어도 6개월은 수입을 대체할 방안이 있어야 한다. 적금을 깨든 퇴직금을 사용하든 한동안 수입이 전혀 없어도 생활에 지장이 없어야 한다.

(2) 병렬 방식

직장을 계속 다니면서 실험 삼아 혹은 부업으로 내 사업을 시작하는 방식도 있다. 주말에만 매장을 열어 고객의 반응을 조사한다거나 퇴근 후에만 인터넷 사이트를 운영하면서 사업의 가능성을 조사할 수도 있다. 현실적으로는 병렬 방식으로 내 사업을 실험해 보는 게 좋다. 병렬 방식은 직렬 방식에 비해 기간을 좀 더

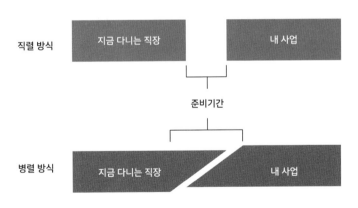

직장을 퇴사하는 시점을 결정하기 위한 두 가지 방식

길게 할 수 있는 장점이 있지만 규모에는 한계가 있다. 직장을 다니는 사람이 언제까지나 부업을 할 수는 없는 노릇이다. 얼마 동안 병렬 방식으로 진행하다가 어느 정도 사업 규모가 만들어지면 그때 사직하고 내 사업에 몰두한다.

직장을 그만두는 시점을 매출액으로 정할 수도 있다. 현실적으로는 직장에서 받는 월급과 비교해서 30퍼센트 정도의 매출이 생기는 시점이 하나의 기준이 될 수 있다. 매출이 더 늘어나면 지금의 직장에 지장을 줄 수 있기 때문이다.

매출이 아니라 고객 확보를 기준으로 직장을 그만두는 시점을 정할 수도 있다. 예를 들어 재일한국인 카네모토 카네토는 직장을 다니면서 인터넷 질의응답 사이트를 개발하였다. 시험 운용을 하는 동안 첫 고객을 물색하였고 어느 정도 계약 가능성이 보이자 직장을 사직하고 오케이웨이브를 창업하였다. 매출은 일어나지 않았지만 첫 고객이 등장하는 시점에 직장을 그만하고 내 사업을 시작하였다. 이 회사는 이후 사업 실적을 올리면서 상장에 성공하였는데 사업 초기에 마이크로소프트가 투자해서 크게 화제가 되었다.

준비 내 사업을 하려면 직장에 다니면서 6개월 이상 준비한다

내 사업을 위한 준비는 의외로 간단하다. 내 머리로 생각하고, 내 손으로 만들어보고, 내 발로 뛰어 다니면 된다. 나는 할 수 있다는 근거 없는 자신감은 내려놓고 작은 실적을 수없이 많이 만든다. 대부분의 월급쟁이는 모아둔 돈이 없고, 돈이 될 만한 전문 지식도 별로 없다. 1등 할 수 있는 사업 아이템도 없다. 밖으로 나가서 영업하고 판매할 자신도 없다. 아는 사람도 별로 없다. 지금까지 직장을 다니면서 명함을 수천 장 받았지만 내 사업을 깊이 상담할 상대도 마땅치 않다. 이런 상황에서 내 사업을 준비한다. 준비 기간은 너무 짧아도 안 되지만 그렇다고 너무 길어도 좋지 않다. 적어도 6개월 이상 준비해야 하는데 길어도 2년 이하로 준비하는 게 좋다.

준비 기간을 6개월에서 2년 이하로 잡기는 하지만 이 기간이 끝나면 즉시 사직하라는 의미는 아니다. 가능하다면 병렬 방식을 택하는 게 좋다. 직장을 사직하고 즉시 내 사업을 시작할 수도 있지만 사직하지 않고 계속 직장을 다니면서 그동안 준비했던 내용을 직장에서 응용할 수도 있다. 직장을 계속 다니면서 두 번째 직업처럼 주말이나 야간에 부업으로 실험해 볼 수도 있다. 그것도 아니면 내 사업을 위해서 준비한 내용을 바탕으로 다른 직장으로 이직할 수도 있다. 직장을 다니면서 내 사업을 준비해야 하는 이유는 언제든지 지금 다니는 직장을 그만두고 내 사업을 시작할 수 있는 능력을 키우기 위해서다. 직장은 대개 본인이 생각하는 시기보다 더 일찍 그만두기 마련이다. 진정한 월급쟁이라면 언제라도 내 사업을 할 수 있는 준비가 되어 있어야 한다.

내 사업을 준비하는 과정에서는 많은 활동이 필요하지만 가장 중요한 활동은 나 스스로를 이해하는 작업이다. 의외로 자신을 잘 모르는 사람이 많다. "내가 잘하는 일은 무엇인가?", "나에게 가장 필요한 능력은 무엇인가?", "나는 어떤 일을 원하는가?" 이런 질문에 대한 답을 찾아야 한다. 이 답 속에 내 사업 아이템이 숨어 있다. 만약 여전히 답을 찾지 못했다면 '왜' 항목으로 되돌아가서 다시 생각해야 한다.

소기업 창업자 A의 사례를 소개한다. 그는 중견 기업 인사과에 근무하고 있었다. 업무는 경력 직원 채용에 관한 사무 처리였다. 경력 직원을 채용할 때에는 경력을 조회하고 주요 경력에 대해서는 주변 사람들의 평판을 조회한다. 이 과정은 시간이 걸리고 귀찮은 작업이 많이 포함된다. 그는 이 작업을 자신이 창업할 회사에서 대행하면 어떨지 상사와 논의하였다. 그동안 업무를 성실하게 수행했고 회사 내부의 평판도 좋았기 때문에 아웃소싱 계약을 할 수 있었다.

A는 내 사업을 시작하고 몇 년이 지나면서 직원도 여럿 채용하고 성장을 거듭하고 있다. 그가 사업을 운영하는 방식에 대

해서 가장 많이 배운 곳은 이전에 다니던 직장이다. 만약 이 직장이 소기업에서 시작해서 규모를 크게 키운 중견 기업이라면 더욱 배울 내용이 많을 것이다. 중견 기업은 대기업과 달리 모든 업무가 시스템에 의해서 움직이지는 않는다. 그렇다고 소기업처럼 몇 사람의 의지대로 움직이는 체제도 아니다. 부분적으로는 시스템으로 움직이고 부분적으로는 사람이 수행한다. 이런 과정을 직접 경험하면서 내 사업의 운영 방식에 관해 배울 수 있다. 지금 다니는 직장의 사업 아이템이 어떻게 운영되며 어떤 방식으로 돈을 버는지 이해한다. 본인이 하는 업무와 직장 전체의 흐름을 논리적으로 이해한다. 이미 내 사업을 하고 있는 사람에게서 조언도 듣는다.

A는 사업 아이템도 이전에 다니던 직장에서 찾았다. 자신이 하고 있는 업무에서 불편한 점을 찾고 어떻게 하면 해결할 수 있는지 그 방법을 모색하니 저절로 사업 아이템이 나왔다. 만약 지금 직장에서 하고 있는 업무와 크게 상관없는 사업 아이템을 생각하고 있다면 6개월로는 준비 기간이 부족하다. 만약 2년 후에 내 사업을 시작하겠다고 마음먹으면 2년 동안 전략적으로 움직여야 한다. 내 사업 아이템과 관련된 서적을 읽고, 세미나에 참석하며 자료를 모은다. 현장에 나가서 비슷한 기업을 관찰해본다.

준비 전략적인 기다림은 재산이다

언젠가는 내 사업을 하겠다고 생각하면 미래가 막연하다. 그럴 때일수록 오늘에 충실해야 한다. 미래는 막연해도 미래의 바탕이 되는 현재는 어느 정도 분명하기 때문이다. 오늘을 충실하게 보내기 위해서는 미리 계획을 세우고, 세운 계획을 반복해서 실행해야 한다. 기다림이 필요한 순간이다.

기다림에는 전략이 필요하다. 아무런 노력 없는 기다림은 성과를 만들지 못한다. 전략적인 기다림은 스스로를 단련시키고 성장시키기 때문에 재산이 된다. 전략적인 기다림을 실행하려는 사람은 두 가지를 지켜야 한다.

첫째, 시간의 단위를 길게 잡는다. 둘째, 매일 조금씩 반복한다. 어떤 일을 할 때 한 방에 해치운다거나 단숨에 해결하겠다는 생각은 애당초 하지 않는다. 시간이 걸려도 좋으니 완벽하게 처리하겠다고 마음먹는다.

직장을 다니면서 내 사업을 준비하는 기간 역시 전략적인 기다림의 시간이다. 직장에서 맡은 업무를 충실하게 하되 한편으로는 언젠가 하게 될 내 사업을 하나하나 준비한다. 이런 시기는 길게 잡고 매일 조금씩 준비해야 한다. 전략적인 기다림의 끝에는 퇴사라는 절차가 있다.

직장을 퇴사할 때에는 반드시 지켜야 할 철칙이 있다. 직장은 반드시 원만하게 그만두어야 한다. 아무리 동료에 치이고 직장 문화에 질렸다고 하더라도 그만두고 나오는 순간에는 과거를 아름다운 추억으로 남겨야 한다.

직장에 입사할 때나, 다닐 때나, 사직할 때나 가장 어려운 부분은 역시 인간관계다. 새로운 사람을 만나고 인맥을 쌓고 하는 노력보다 더 중요한 게 있다. 기존에 알고 있던 주변 사람과의 원만한 관계를 유지하는 자세이다. 직장을 그만두면서 과거의 동료들과 완전히 인연을 끊는 태도는 그야말로 최악이나. 과거의 직장 동료들과 우연히 만났을 때 반갑게 인사할 수 있을 정도만 되어도 좋다. 명확하게 인연을 끊는 태도만은 피해야 한다. 최소한 상대방을 적으로 만들지는 않는다. 한번 끊어진 인연은 다시 연결하기 어렵다는 사실을 기억해야 한다.

출발 시간은 '즉시와 적시'로 나누고 활동은 '흐름과 순환'으로 구분한다

전략적인 기다림을 실행하려면 시간에 대한 개념을 두 가지로 나누어야 한다. 바로 '즉시'와 '적시'다. 즉시란 지금 당장 실행해야 하는 항목이다.

예를 들어 건강이 나쁘다면 지금 당장 건강을 회복하는 운

동을 하거나 음식 조절을 해야 한다. 적시란 가장 적합한 시기를 말한다. 예를 들어 내 사업을 시작하기에 가장 적합한 시기라거나 자격증을 따기에 가장 적합한 시기다. 적시를 알면 미리 준비할 수 있기 때문에 마음에 여유가 생긴다. 시간의 즉시와 적시를 내 사업 준비에 적용해보면 다음과 같다.

(1) 즉시

내 사업을 위한 필수 항목인 '왜, 무엇을, 누가'에 대해서 하나씩 스스로에게 질문하고 답을 구한다. 현재 상황에 따라 많이 변화하므로 그때그때 순발력있게 판단하는 결정력이 필요하다.

(2) 적시

내 사업을 위한 보조 항목인 '언제, 어디서, 얼마에'에 대해서 검토한다. 일정표를 작성한다면 어느 질문에 언제까지 답해야 하는지 기한을 정한다.

활동은 '흐름과 순환'으로 구분한다. 흐름이란 한 번 하면 그걸로 끝나는 활동이다. 예를 들어 한 직장에 들어가서 정년퇴직할 때까지 일을 한다면 입사는 한 번으로 끝난다. 사업을 시작해서 평생 이 사업에만 매달리는 것도 하나의 흐름이다. 사업 규모가 커져서 자연스럽게 사업을 지속하는 경우도 있지만 사업 규모가 그리 크지 않아도 평생 지속하는 경우도 있다.

시간의 흐름이란 비유하자면 마치 큰 강이 흘러가듯이 자연스럽게 지나가는 물결과도 같다. 한번 흘러가면 다시는 상류로 돌아오지 않는다. 한번 온 고객이 다시는 오지 않는다면 이는 단발적으로 발생했다가 끝이 나는 흐름에 해당한다.

순환이란 초등학교를 나오면 다시 중학교에 들어가서 공부하듯이 서로 다른 활동이지만 마치 물레방아가 회전하듯이 반복되는 활동이다. 학교 공부를 마칠 때까지는 몇 번의 순환을 거쳐야 한다. 직장을 여러 번 이직하는 사람도 순환이란 관점에서 이해할 수 있다. 내 사업의 순환은 연속 창업자의 경우에도 해당된다. 연속 창업자란 내 사업을 시작해서 어느 정도 규모가 되면 사업을 매각하고 새로운 사업을 시작하는 유형을 말한다. 만약 사업이 목표한 기한 내에 일정 규모에 도달하지 않으면 이 사업은 청산하고 새로운 사업을 시작한다. 비유하자면 아이들이 미끄럼틀을 타고 내려오면 또 다시 위로 올라가서 다시 타고 내려오는 놀이를 반복하는 방식과 같다. 어느 가게에 단골 고객이 매일 온다면 이는 순환에 해당한다.

출발 사업을 시작해야 할 타이밍은 직관보다 합리적인 판단에 따라야 한다

내 사업을 시작할 때 적어도 아래의 두 가지 사항을 확인할 필요가 있다.

(1) 직관만으로 사업 타이밍을 결정하지 않는다.
'왜 하필 이 시기인가'에 대한 답이 있어야 한다. 투자자를 만나면 반드시 물어보는 질문이다. 어떤 사람이 직관에 의존해서 내 사업을 시작했는데 결과적으로 성공했다는 이야기를 그대로 따라 하면 큰일 난다. 문제점이나 위험 요소를 전혀 신경 쓰지 않고 다른 사람의 사례만을 듣고 사업을 했다는 뜻이기 때문이다. 사막을 걷는데 우연히 바늘을 찾았다는 의미로 받아들이면 된다. 행운아일 수도 있고 복을 타고난 사람일 수도 있다. 직관만으로 내 사업의 타이밍을 결정하고 시작하는 방식은 너무 위험하다. 사업에는 궁리가 필요하다. 언제부터 시작하면 좋을지 궁리하고, 어떻게 운영할지 궁리한다. 그러지 않고 풍문에 휩싸여 혹은 근거 없는 직관만을 믿고 내 사업의 타이밍을 결정하면 사업을 시작한 그날부터 후회할 수 있다.
　　사업할 타이밍은 아이템에 따라 계절을 타기도 한다. 의류업을 예로 들자면, 봄과 여름은 원단 가격이 싸고 가을 겨울은 비

싸다. 만약 사업을 시작했는데 즉시 겨울 의류를 판매해야 한다면 창업 비용이 다른 계절에 비해서 상대적으로 더 많이 든다. 외투, 부츠, 장갑, 목도리 등 구색을 갖출 게 많기 때문이다. 그래서 경험적으로 옷 가게 창업은 봄을 앞둔 2월과 여름을 앞둔 4월, 추석 대목을 앞둔 8월에 창업하라고 권한다. 상대적으로 손이 덜 가고 초기비용도 적기 때문에 이를 추진한다.

사업 타이밍을 정할 땐 창업자의 나이도 고려해야 한다. 실리콘밸리는 일반적으로 10대나 20대 초반의 청년들이 창업하는 곳으로 알려져 있지만 실제로는 그렇지 않다. 미국의 연구 그룹이 2007년부터 2014년까지 미국에서 창업한 270만 명을 대상으로 조사하여 자료를 분석해보았다. 실리콘밸리에서 창업한 창업자들의 나이는 평균 41.9세였다. 특히 상위 0.1%의 성장을 이룬 창업자의 평균 나이는 45세였다.●

(2) 모든 일에는 때가 있다.

사회에서 현재 유행하고 있는 아이템과 미래의 내 사업 아이템 사이에는 간격이 존재한다. 지금 유행하고 있는 사업 아이템은 내 사업을 본격적으로 시작할 시기에는 더 이상 유행하지 않을

● 〈미국 성공한 IT벤처 창업자는… 평균 30대 후반, 석사 이상, 16년간 월급쟁이 경험〉, 한국경제, 2015년 7월 3일

확률이 높다. 사업을 구상하는 시점과 실제로 내 사업을 실행하는 시점은 다르기 때문이다. 모든 일에는 시간이 필요하다. 아무리 급하다고 바늘허리에 실을 꿸 수는 없다. 시대가 변하면 반드시 새로운 아이템이 등장한다. 시점과 아이템은 함께 생각해야 한다. 내 사업을 시작하는 시점을 정할 때에는 시대의 흐름을 파악해야 한다.

시대의 흐름을 파악하기 위해서는 노력이 필요하다. 가장 추천할 만한 방법은 신문을 탐독하는 거다. 주변에 공공 도서관이 있다면 일주일에 한 번씩은 꼭 가서 종이 신문을 직접 펼쳐본다. 신문은 가급적 넓게 다 펼쳐놓고 전체를 본다. 종이 신문은 지면 할당이나 제목 크기를 이용해서 기사의 중요성을 파악할 수 있다. 신문을 펼쳐놓고 전체의 분포만 보아도 오늘 신문에서 어떤 기사가 가장 중요한지 한눈에 알 수 있다. 신문사별로 시각이 다르기 때문에 여러 신문을 함께 지속적으로 보면 시대의 흐름을 이해하기 쉽다. 예를 들어 어느 시점부터 1인 가구에 관한 기사가 나오기 시작하면 인구 구조에 큰 변화가 일어나고 있음을 직감할 수 있다. 이렇게 파악한 시대적 흐름을 내 사업에 적용할 수도 있다.

또 하나의 노력은 독서다. 예를 들어《2030년의 자동차》처럼 근미래의 시점을 명시한 제목을 가진 서적을 읽도록 한다. 너무 먼 미래의 이야기는 허무맹랑하게 들릴 수 있지만 5년 정도 미래의 이야기라면 거의 확실하게 들어맞는다. 특히 기술에 관한 이야기라면 더욱 그렇다. 반도체처럼 전 세계의 메이커와 고객 기업이 긴밀하게 협조하지 않을 수 없는 분야라면 3년 정도 미래는 거의 확정이라 할 만하다.

3장

실행, 드디어
내 사업을
시작한다

시작할 준비가 되었는지
5W2H로
체크한다

지금까지 내 사업에 필요한 준비 사항을 확인했다. 이제 모든 준비가 끝났다. 남은 건 실행뿐이다. 내 사업을 시작하기는 쉽다. 직장을 그만두고 개인 사업자를 등록하거나 법인을 설립하면 그날부터 내 사업이 시작된다. 어느 정도 자금만 있으면 혼자서도 얼마든지 할 수 있다. 하지만 내 사업을 시작하는 준비 작업과 사업을 본격적으로 지속하는 과정은 차원이 다르다. 내 사업을 본격적으로 시작하기 전에 충분히 궁리하고 수많은 시나리오를 고려해야 한다.

내 사업을 시작할 준비가 되었는지 확인하려면 앞에서 소개한 '언젠가는 내 사업 5W2H 체크리스트'에 답을 해보면 금방 알 수 있다. 만약 답을 못하는 항목이 한두 곳 있다면 이 부분을 집중적으로 궁리하면 된다. 만약 답을 못하는 항목이 3분의 1 이상이라면 아직은 내 사업을 시작할 단계가 아니라는 거다. 좀 더 시간을 가지고 준비해야 한다.

체크리스트에 답을 하는 형식은 정해져 있지 않지만 가급적 동사와 명사만 이용해서 구체적으로 답한다. 숫자로 답할 수 있는 부분은 모두 숫자로 답한다. 형용사와 부사는 피한다. 추상적으로 하는 답은 현실성이 없기 때문이다. 예를 들어 '사업 아이템은 구체적인가?'라는 질문에 '이 세상에서 가장 멋있고 아름다운 상품을 만든다'라고 대답한다면 어떤 상품인지 알 수 없다. '가장'이라는 부사는 1등의 다른 표현이지만 1등의 근거가 없으면 아무 의미가 없다. 만약 이 상품에 관련된 세계대회에서 1등을 했다면 '세계대회 1등'이라고 적는다. '멋있고 아름다운'이라는 형용사는 어디까지나 개인적인 느낌이다. '무게가 1킬로그램 이하'라거나 '10킬로칼로리 이하'라고 표현하면 판단하기 쉽다. 아래는 나의 경우를 바탕으로 답을 한 사례다.

언젠가는 내 사업 5W2H 체크리스트 사례

■ 필수 항목
□ 보조 항목
■ 실행의 타이밍

■ 왜

나는 얼마나 내 사업을 하고 싶은가?

▶ 지금 다니고 있는 직장을 그만두고서라도 사업을 하고 싶다.

가족은 내 사업에 찬성하는가?

▶ 그렇다. 열렬한 찬성은 아니지만 반대하지는 않는다.

내 사업은 세상을 좋게 만드는가?

▶ 그렇다. 데이터를 분석해서 문제의 본질을 찾게 돕는다.

내 사업의 명분은 무엇인가?

▶ 지식을 현금으로 바꾼다.

■ 무엇을

사업 아이템은 구체적인가?

▶ 매우 그렇다. 나노 카본튜브 등 첨단 기술 동향에 관한

연구조사 보고서다.

사업 아이템은 나의 스토리와 어울리는가?

▶ 매우 그렇다. 나, 직장, 사회의 원이 겹치는 부분으로

내가 걸어온 길과 잘 어울린다.

나에겐 쉽지만 다른 사람에게는 어려운 사업 아이템인가?

▶ 매우 그렇다. 공학연구자가 아니라면 어려운 아이템이다.

고객의 불편을 해소하는 아이템인가?

▶ 매우 그렇다. 고객은 공학자가 아니기 때문에 첨단기술을

이해하기 어려우며 따라서 기술동향 분석을 제대로 하지 못해서

불만이 많다.

내가 1등 하는 아이템인가?

▶ 매우 그렇다. 내가 대학에서 공학자로서 연구하던 기술 분야다.

□ 어디서

내 사업을 실행할 장소는 내가 1등 하는 곳인가?

▶ 그렇다. 고객인 일본정부 산하 연구기관에서 이 연구 분야는
내가 1등이다.

□ 어떻게

사업 모델은 무엇인가?

▶ 연구조사 보고서 작성과 기술 동향 컨설팅을 통한 수익 확보다.

매출이 갑자기 제로가 되더라도 대처할 수 있는가?

▶ 곤란하다. 제2의 사업 아이템을 개발해야 한다.

고객에게 어떻게 신뢰를 주는가?

▶ 지금까지 발표한 논문과 저서 등 모든 연구 실적을 공개한다.

협력할 기업이 있는가?

▶ 당장은 없다. 이전 직장인 도쿄대를 통해서 기업을
소개받을 수는 있다.

□ 얼마에

내 사업을 하는 데 돈이 얼마나 필요한가?

▶ 일본 상법에 따라 주식회사 설립 자본금 1억 원이 필요하다.

자금은 어떻게 구하나?

▶ 창립 멤버 3명의 출자금으로 충당한다.

상품 가격은 결정했는가?

▶ 그렇다. 연구조사 보고서는 정부 연구기관이 가격을 정하는데

한 건당 대개 1억 원 이상이다.

첫 매출은 언제 발생하는가?

▶ 회사 설립 후 6개월 안쪽으로 예상한다. 보고서 작성 기한은

대개 2개월 이내며 대금 회수는 보고서 제출 후 1개월 이내다.

■ 누가

내 사업을 함께할 파트너는 몇 명인가?

▶ 창립 멤버 3명으로 시작한다.

창업 후 1년 이내에 채용할 직원은 몇 명인가?

▶ 5명 이내로 예상한다.

첫 상품의 고객은 누구인가?

▶ 정부 연구기관과 기업 연구소. 도쿄대 재직 중에 산학협력이나

공동연구를 통해서 알고 있던 조직 중에서 첫 고객이 나올

것으로 예상한다.

◼ 언제

준비 기간이 얼마나 필요한가?

▶ 사업에 필요한 자원을 확보하고 사업 모델을 완성하는 데

1년이 필요하다.

직장을 다니면서 부업으로 내 사업을 시작할 수 있는가?

▶ 불가능하다.

직장은 언제 그만둘 계획인가?

▶ 준비되면 언제라도 그만둘 수 있지만 대학에는 적어도

그만두기 6개월 전에 알려야 한다. 그래야 후임자를 찾을 수

있다.

내 사업을 시작해야 할 타이밍은 언제인가?

▶ 직장을 그만둔 후 즉시 시작한다.

1
내 사업을
시작하기 위한
원 포인트 코칭

사업 실행의 첫 단계는 마음 가다듬기

(1) 나 자신을 믿는다

사업은 실패할 확률이 크고 기업의 수명도 그리 길지 않다는 사실을 우리 모두 잘 알고 있다. 하지만 막상 내 사업을 시작하면 "내가 실패할 가능성은 90퍼센트다"라고 말하는 사람은 없다. 누구나 다 본인은 다르다고 생각한다. 경영학을 열심히 공부한 사람일수록 스스로는 문제가 없다고 생각한다. 경영은 해보지 않았지만 경영학을 잘 알고 있으니 실제로 경영을 해도 문제가 없을 거라고 믿는다.

그러다가 막상 내 사업을 시작했는데 생각처럼 진행되지 않으면 마음이 조급해진다. 기술 개발을 하고 상품을 개발하는 과정이라면 실제로 상품이 나올지 여부도 불투명하다. 나만 빼고 다른 사람들은 다 잘하고 있는 것 같다. 실패해서는 안 된다는 강박 관념이 생기면 현실을 무시하게 되고 판단에 무리가 따른다. 내 사업을 실행할 때 가장 먼저 갖추어야 할 점은 바로 나 자신의 마음가짐이다. 나 자신을 믿어야 한다. 나의 실력을 믿고 나의 운을 믿어야 한다. 나는 아래와 같은 동작을 반복하면서 스스로를 세뇌시켰다.

첫째, 아침에 일어나면 거울을 보고 크게 웃는다. 오늘도 좋은 일이 일어날 거니까 미리 웃어둔다는 마음이다. 출근할 때에는 신발을 깨끗하게 닦고 신는다. 신발은 나를 받쳐주는 받침대다. 옷은 최대한 깔끔하게 입는다. 옷은 경영자의 갑옷이다.

둘째, 초조한 마음이 생기거나 우울하면 명상을 하든지 운동을 하든지 해서 마음을 안정시킨다. 그래도 마음이 우울하면 약간 슬픈 음악을 듣는다. 슬픈 음악을 들으면 마음이 편안해지고 평화를 느낀다는 사람이 많다. 슬픈 음악을 들으면서 슬픔을 체험하면 음악을 다 들은 후에 상실감이나 고통을 느끼지 않는다. 슬픈 음악은 우울한 기분에 긍정적인 효과를 준다.

셋째, 파트너가 있으면 서로를 격려하면서 마음의 평온을 얻을 수 있다. 파트너는 사업을 성공시키기 위해 서로의 지혜를 나누어야 하지만 그 이전에 서로 감정을 나누이야 한다. 사업을 하다보면 겁이 날 때도 있고 무서울 때도 있다. 이런 때 서로를 격려할 수 있는 사람은 파트너밖에 없다.

(2) 다른 사람의 성공 사례를 신경 쓰지 않는다

다른 사람 손의 떡이 더 크게 보이고 옆 차선의 차가 더 빨라 보이는 법이다. 미국에서는 옆집의 잔디가 더 푸르게 보인다고 말한다. 옆집의 잔디 상태를 모르기 때문에 하는 말이다. 사업을 하면 나만 빼고 다른 사람들은 다 잘하고 있다는 생각이 든다. 다른 사람은 어떤 사업을 생각하는지도 궁금하다. 이런 이유로 창업 세미나에 가는 사람도 많다.

하지만 사업에 성공한 사람과 자신을 비교하면 안 된다. 성공한 사람이 자신의 경험담을 말하면 듣기에 재미있다. 그렇다고 다른 사람의 방식을 그대로 따라 하면 성공하지 못한다. 유명한 경영자를 따라 할 필요도 없다. 일류 기업 사례를 보아도 별로 현실감이 없다. 구글이나 아마존 창업자의 경험담을 듣고 그대로 한다고 해서 성공할 리가 없다. 페이스북이나 애플과 같은 기업의 사례는 유명해서 여기저기 널려 있다. 이런 사례를 아무리 많이 보아도 내 사업의 힌트를 얻기는 어렵다.

극단적으로 말하자면 사업에 상식이란 없다. 성공하면 성공한 사례가 나오고 실패하면 실패한 사례가 나올 뿐이다. 이런 사례를 상식이라고 믿고 성공 사례를 똑같이 따라 한다고 해서 반드시 성공한다는 보장은 없다. 사업에서 상식이라고 말하는 내용은 하나의 가설에 지나지 않는다. 내 사업을 하면 다른 사람의 성공 사례에 저절로 눈길이 가기 마련이지만 너무 신경 쓸 필요는 없다.

(3) 내 사업에는 끈기가 필요하다

만약 동전을 던져서 앞면이 나오면 성공이고 뒷면이 나오면 실패로 판정한다고 하자. 어떻게 하면 성공이 많이 나올까? 여기에 특별한 비결이 있을 리 없다. 동전의 앞면이 나올 확률은 50퍼센트다. 한 번만 던지거나 두 번만 던지면 앞면만 나올 수 있다. 뒷면만 나올지도 모른다. 하지만 열 번, 백 번, 천 번 던지면 앞면과 뒷면이 나올 확률은 거의 비슷하다. 진실은 하나다. 동전의 앞면이 많이 나오게 하려면 단 한 가지 방법밖에 없다. 최대한 많이 던져야 한다.

　내 사업을 하면 결과적으로 성공할 수도 있고 실패할 수도 있다. 만약 성공과 실패의 확률이 비슷하다면 끈기 있게 계속할 수밖에 없다. 최대한 많이 실행하는 것 이외에는 방법이 없다. 남의 떡이 더 커 보이듯 어떤 사람은 항상 성공만 하는 듯 보인다. 하지만 항상 성공하는 사람이 어디 있을까? 누구나 성공도 하고 실패도 한다. 그러니 일단 계속해서 동전을 던져야 한다. 한 번만 던지고는 성공했다고 너무 뻐기면 안 된다. 한 번 해보고 실패했다고 의기소침할 필요도 없다. 계속해서 실행한다면 성공과 실패는 끊임없이 반복되어 나타난다.

내 사업을 하면서 "열심히 하겠습니다"라는 말은 할 필요가 없다. 아무런 의미가 없기 때문이다. 그 대신 아주 작은 행동을 매일 실천해서 작은 결과를 만들어야 한다. "나는 할 수 있다"라는 말 대신 "나는 했다"라고 말하고 그 결과를 만들어야 한다. 적어도 "나는 하고 있다"라고 말해야 한다.

(4) 사업은 수없는 반복의 연속이다

사업을 시작하면 하루 이틀 해보고 그만둘 수는 없다. 아무리 작심삼일인 사람이라도 사업을 3일 만에 그만두는 경우는 없다. 내사업을 시작하면 같은 일을 수없이 반복하게 된다. 반복하면 큰힘이 된다는 사실은 누구나 알고 있다. 그런데도 의지가 약해서 반복하지 못한다거나 아무리 굳게 마음먹어도 3일이면 포기한다는 사람이 많다.

어떻게 하면 반복하는 힘을 얻을 수 있을까? 정답은 하나다. 아주 작은 행동을 매일 하면 된다. 똑같은 일을 매일 반복한다. 하루 이틀에 큰 성과를 얻어야 한다는 초조함을 버린다. 한 번 시작하면 적어도 10년은 계속하겠다고 생각하고 그동안은 성과를 재촉하지 않는다. 다만 여기에는 두 가지 조건이 있다.

첫째, 양적으로 부담이 없어야 한다. 하루에 해야 하는 양이 너무 많으면 실행하기 어렵다. 매일 실행하는 일은 무리 없이 쉽게 할 수 있을 정도로 양이 적어야 한다. 만약 사업에 필요한 체력을 기르겠다면 매일 아침저녁에 1분이라도 체조를 한다. 둘째, 눈에 보이는 효과가 있어야 한다. 아무리 내 사업에 필요한 일이라도 눈에 보이는 효과가 없으면 안 된다. 매출이 증가하든 원가가 감소하든 눈에 보이는 효과가 있어야 일을 지속할 수 있다.

월급쟁이에서 창업가로 변신한다

사업을 하면 수입이 발생하고 세금도 내야 한다. 모든 사업자는 국세청에 등록해야 한다. 사업자 유형은 네 종류로 나눌 수 있다. 법인사업자, 일반사업자, 간이사업자, 면세사업자다. 통계청 자료에 따르면 모두를 합친 총사업자 규모는 2012년부터 2016년까지 꾸준하게 늘어나고 있다. 2012년 591만 8,000명에서 2013년 605만 7,000명, 2014년 634만 8,000명, 2015년 670만 2,000명을 거쳐 2016년에 688만 6,000명으로 늘어났다. 내 사업을 하고 싶어 하는 사람이 많다보니 사업자는 해마다 증가하는 추세다. 어떠한 사업자 유형으로 시작할지 결정해야 한다.

(1) 법인사업자

개인사업자가 아닌 사업자를 말한다. 2012년 63만 5,000명에서 2016년 83만 5,000명으로 늘어났다. 법원에 설립 등기를 한 후 세무서에서 법인 신고 및 사업자등록 절차를 거쳐야 한다. 사업의 주체는 법인이다. 법인사업자의 유리한 점은 세금이다. 매출이 커질수록 세금 혜택도 커진다. 또 하나 유리한 점은 자금 조달이다. 법인사업자는 정부기관이나 금융기관의 신용이 상대적으로 좋기 때문에 자금 조달 방법을 다양하게 선택할 수 있다.

(2) 일반사업자

개인사업자 중 간이사업자를 제외한 과세사업자를 말한다. 2012년 308만 명에서 2016년 369만 8,000명으로 늘어났다. 세무서에 사업자등록만 하면 설립이 완료된다. 자신이 곧 사업체다. 우리나라 자영업자의 대부분이 일반사업자다.

(3) 간이사업자

직전 년도의 공급대가 합계액이 4,800만 원에 미달하는 개인 과세사업자다. 2012년 161만 8,000명에서 2016년 163만 명으로 늘어났다. 상대적으로 영세한 사업자이며 일반사업자에 비해 낮은 세율이 적용된다. 전년도 매출이 연 4,800만 원을 넘어서면 세무서에서 일반사업자로 변경해준다.

(4) 면세사업자

개인사업자 중 부가가치세가 면제되는 사업을 영위하는 자로 기초생활필수품이나 의료 보건, 출판, 방송 등 문화, 교육 관련 사업 등이 있다. 2012년 58만 4천 명에서 2016년 72만 1천 명으로 늘어났다. 기초생활필수품 및 용역, 의료보건 용역, 교육 용역, 주택의 임대 용역 사업자가 이에 해당한다.

2

내 사업을 시작하면
반드시 챙겨야 할 실무

내 사업에 꼭 필요한 명함을 준비한다

(1) 명함은 계급장이 아니다

직장을 다닐 때 직책은 일종의 계급이다. 계급장 떼고 붙자는 말도 있지만 현실에서는 어림도 없다. 승진하면 가장 먼저 명함을 바꾼다. 명함에 높은 직책을 써 넣으면 어깨에 힘이 들어간다. 작은 회사의 직원들은 모두 부장 아니면 상무나 이사 명함을 내민다. 누군가를 처음 만나서 명함을 교환할 때 월급쟁이에겐 명함에 적힌 직책이 중요하다. 타인이 자신을 직책에 따라 평가할 거라고 생각하기 때문이다.

현실이 이렇다 보니 내 사업을 시작하면서 만드는 명함에 자연스럽게 자신의 직책을 '사장'이나 '대표이사'라고 적는다. 아직 상품을 개발하는 중이라서 판매할 수 있는 상품이 하나도 없어도 상관없다. 직원도 없고 나 혼자라도 상관없다. 자신이 직접 설립한 회사이기 때문이다. 명함에 대표이사라고 적으면 갑자기 너무 훌륭해진 느낌이다. 하지만 사업 초기에는 사장이나 대표이사라고 적지 말고 가장 밑바닥부터 시작하기를 권한다. 명함은 내 사업 규모에 어울리게 만들어야 한다.

사업이 어느 정도 규모를 이룰 때까지 사장님 호칭을 버린다. 현실에 비해 과도하게 높은 직책을 명함에 적으면 오히려 독이 된다. 아직 직원이 하나도 없다면 명함에 자신의 직책을 '직원'이라고 적어도 상관없다. 어차피 영업도 혼자 하고 자금도 본인이 조달해야 한다. 사업이 조금 잘되어 직원을 채용하게 되면 명함에 '대리'라고 적는다. 사업이 더 잘되어 더 많은 직원을 채용한다면 그때는 직책을 '팀장'이나 '실장'이라고 적는다. 이처럼 사업의 규모에 따라 직책을 바꾸면 된다. 혹은 스스로 정한 목표를 달성하는 정도에 따라 직책을 바꾸어도 좋다.

아직 제대로 된 상품이 없다면 명함에 '개발팀장'이나 '영업팀장'이라고 적어도 좋다. 개발팀장이라고 적는다면 지금 개발 중에 있는 상품은 본인이 직접 책임지고 개발하겠다는 선언이다. 영업팀장이라고 적는다면 영업에 전력 질주하겠다는 선언이다.

경우에 따라서는 반드시 사장이라는 직책이 필요한 때가 있다. 금융기관에서 융자를 받을 때다. 돈을 빌리는 주체는 회사이지만 사장이 연대 보증인이 되어야 하기 때문이다. 명함은 남을 위해 만드는 거지만, 가장 먼저 자신에게 현재의 위치를 각인시켜 준다. 명함을 보면서 현재의 수준을 스스로 냉정하게 판단할 수 있어야 한다.

(2) 명함에 쓰지 말아야 할 금지어가 있다

- 종교에 관한 표현
- 정치에 관한 표현
- 상품과 관계없는 학력

어느 종교든 나 자신에게는 중요하지만 명함을 받는 상대방에게는 의미가 없다. 본인이 선호하는 정당이나 정치가에 관한 표현도 마찬가지다. 혹시 명함에 '박사'라고 적으면 도움이 될까? 내 사업에서 다루는 상품과 직접적인 관계가 있거나 내 사업과 관련된 스토리가 있는 경우에만 적는다. 마찬가지로 기능사, 기사, 기술사, 회계사 등의 자격증도 사업에 직접 도움이 되는 경우에만 적는다. 내 사업에 직접 도움이 되지 않는 내용은 명함에 적지 않는다.

(3) 명함에는 회사 고유 도메인과 회사 고유 이메일을 적는다

내 사업을 하면서 만든 명함에는 이메일 주소가 반드시 들어가야 하지만 무료로 사용하는 프리메일은 적지 않는다. 내 사업을 시작하면 당연히 회사명이 있을 것이다. 그런데 명함에 적힌 이메일이 hanmail이나 gmail과 같은 프리메일이면 곤란하다. '회사이름.com'이나 '회사이름.co.kr' 이메일을 사용해야 한다. 프리메일에서도 돈을 내면 회사명을 넣은 고유 도메인을 사용할 수 있다. 회사 고유 도메인을 구입하고 회사 고유 이메일 주소를 사용하려면 비용이 들지만 이 비용은 나를 살리는 돈이다. 글로벌 대기업 중에는 프리메일 주소를 사용한 이메일은 무조건 스팸으로 처리해서 일절 받아들이지 않는 기업도 있다.

회사 고유 도메인을 가진 홈페이지도 필수다. 홈페이지에 들어갈 내용은 종이 한 장 분량이라도 좋다. 이런 회사가 존재한다는 사실을 알리는 정도라도 좋으니 반드시 회사 홈페이지를 만들어야 한다. 한번은 어느 기업의 경영자가 나에게 자신의 상품을 외국기업에 소개해달라고 부탁한 적이 있었다. 상품을 살펴보니 꽤 수준이 높았다. 좋은 상품이라서 외국의 지인에게 소개하려고 했지만 곧 포기했다. 이 회사는 홈페이지가 없었기 때문이다. 홈페이지를 시급히 만들어 공개하라고 경영자에게 몇 번 이야기했지만 여전히 닫혀 있다. 이런 회사에는 반드시 문제가 있다. 경영자의 문제일 수도 있고 조직의 문제일 수도 있다.

홈페이지를 스스로 만들 만한 기술이 없는 기업도 있고 외부에 외주를 줄 만큼의 돈이 없는 기업도 있다.

(4) 명함에 얼굴 사진을 넣는다

명함을 받은 후에 몇 달이 지나면 명함 주인공의 얼굴이 기억나지 않는다. 특히 같은 기업 같은 부서의 여러 명에게서 명함을 받았다면 누가 누구인지 전혀 기억나지 않는다. 몇 달이 지난 후에 다시 만나기라도 하면 얼굴을 몰라 난처해진다. 영업을 위한 명함이라면 얼굴 사진을 넣는 게 좋다. 언제라도 얼굴을 기억할 수 있어서 편리하기 때문이다. 얼굴과 이름을 모르면 영업을 시작할 수 없다. 명함에는 영문 표기도 반드시 함께 적는다.

명함 뒷면에는 본인이 취급하는 상품을 적거나 가진 기술을 적는다. 아직 개발 단계라서 판매가 가능한 상품이 없다면 개발 중인 상품의 개요라도 적는다. 만약 자신의 기술이나 개발 중인 상품에 관심이 있는 사람이라면 미래의 고객이 될 수도 있다. 본인의 얼굴이 있고 개발하는 상품과 기술이 적힌 명함이라면 내 사업의 안내서와 같다. 최근에는 명함 앱을 사용하는 사람이 늘고 있기 때문에 가독성이 떨어지는 명함은 피하는 게 좋다.

합리적인 수준에서 사무실과 비품을 마련한다

사무실은 본인의 마음을 바로잡는다는 의미에서도 중요하다. 직장을 그만둔 다음 당장 내 사업을 시작하지 않더라도 매일 출근할 사무실이 필요하다. 사무실은 직장을 그만두기 전에 미리 정해두어야 한다. 퇴사 이후 집에만 있거나 거리를 방황하는 태도는 매우 위험하다. 일에 대한 감각이 떨어지기 때문이다. 매일 출근한다는 사실은 나를 긴장하게 만든다. 출퇴근은 매일 정해진 시간에 한다. 출근 복장은 본인이 가지고 있는 옷 중에서 가장 깨끗한 정장을 골라 격식을 차려서 입는다. 나중에 내 사업 아이템이 정해지면 그때부터는 아이템에 가장 잘 어울리는 복장으로 바꾼다. 남의 눈을 의식하지 말고 오로지 내 사업만을 생각한다. 지인이 직장을 그만두겠다고 말하면 나는 다음과 같은 방식을 추천한다.

비슷한 처지인 사람 세 사람이 모여 오피스텔을 계약한다. 계약 기간은 1년이며 세 사람은 미리 1년치 비용을 선불로 지불한다. 오피스텔은 그 지역에서 가장 교통이 좋고 번화한 지역에 있는 건물로 선택한다. 가장 번화한 거리에 있는 오피스텔을 구하는 이유는 긴장감을 유지하기 위해서다. 사업으로 돈을 벌어야 한다는 사명감을 가지기 위한 목적도 있다. 세 사람이 계약하는 사무실은 그 오피스텔에서 가장 좁고 초라한 사무실이다. 이런 사무실은 현재의 상태를 나타낸다. 제로에서 내 사업을 시작한다는 뜻이다. 현재의 처지를 인식하기 위해서다. 특히 공공기관 공무원이나 학교 교사처럼 경쟁이 덜한 환경에서 일하다 사직한 사람이라면 내 사업을 시작할 때까지 사회 적응 기간으로 1년은 필요하다. 이 기간 동안 세 사람이 모여서 오피스텔로 매일 출근하면서 세상 물정을 알아가도록 한다.

실질적으로 사무실을 구하는 방법을 자세히 소개하겠다.

(1) 무료로 제공하는 사무실

지방자치단체에서 사무실을 무료로 제공하는 곳도 많다. 만약 무료 사무실을 이용할 수 있다면 사업 초기에 적극적으로 이용한다. 완전 무료인 경우는 드물고 매달 내는 임대료가 매우 저렴한 곳이 대부분이지만 이런 예산조차 절약할 수 있다면 절약해야 한다.

(2) 공유 사무실

사무실 공유 사업자가 많이 등장하면서 도심의 일등지에 사무실을 구할 수 있다. 널찍하고 편리한 공간이지만 공개된 사무실에 서로 알지 못하는 사람들과 모여서 일을 하므로 위화감을 느끼는 사람도 있다. 내 사업의 본거지가 아니라 멀리 떨어진 지역에 영업 거점을 마련한다는 의미에서 공유 사무실을 구하는 경우도 있다.

(3) 개인 사무실

여전히 나만의 사무실을 구해 내 사업을 시작하는 사람이 많다. 사무실을 구하려면 보증금이 필요한데 오피스빌딩의 경우에는 월세의 10개월분을 요구하는 경우도 있다. 계약 기간 만료 전에는 해약을 하지 못하는 경우도 있기 때문에 임대차 계약서를 꼼꼼히 따져봐야 한다. 사무실 면적은 이용자 수에 따라 정할 수 있다. 우리나라 정부청사 조성 지침에 따른 1인당 최소 면적은 7제곱미터(약 2평)다. 10명이 사용한다면 70제곱미터(약 21평)가 최소 면적이므로 실제로 사무실을 계약할 때 하나의 기준으로 사용하면 좋다.

사무실과 비품을 마련할 때 주의해야 할 사항이 있다. 지금 수중에 있는 돈이 아니라 내 사업을 위해 준비한 자금 규모 전체를 보면서 지출해야 한다. 직장은 그만두었지만 아직 내 사업을 시작하기 전이라면 퇴직금도 있고 저축한 돈도 있을 테니 비교적 여유가 있을 거다. 특히 대기업에서 장기간 근무하던 사람이 퇴직금을 받으면 일시적으로 현금이 많아진다. 직장을 그만두고 내 사업을 준비하고 있다고 말하면 주변에서 축하해준다. 괜히 마음만 들떠서 본인의 상황을 착각하여 허풍이 늘고 돈 씀씀이가 커지기 쉽다. 허풍이 생기면 가장 먼저 사무실과 비품에 돈을 쓰려고 한다. 내 사업을 시작하면 기대감도 크고 흥분된다. 사장님이라는 호칭에 취해서 분에 넘치게 호화롭고 고급스럽게 시작하기 쉽다. 사업을 하면 돈 쓸 데가 많다. 돈은 아껴 쓰고 검소하게 절약해야 한다. 사무실과 비품에 많은 돈을 쓰는 건 허세다.

내 인생에서 공부를 가장 많이 해야 할 때가 왔다

내 사업은 막연하게 생각만 할 때가 가장 편하다. 막상 내 사업을 시작하면 정신없이 하루가 가고 한 달이 간다. 상품만 좋으면 팔릴 줄 알았는데 그것도 아니다. 내 사업 아이템에 대해서는 모든 내용을 다 알고 있다고 생각했는데 사업을 시작하면 모르는 것 투성이다. 내 사업에는 공부가 필수다. 학교 다닐 때 하던 공부하고는 차원이 다르다. 내 사업이 살아남기 위한 공부다. 끊임없이 지식을 쌓아야 한다. 상품에 대한 공부, 사람에 대한 공부, 원가 절감에 대한 공부, 매출 증가에 대한 공부 등 도무지 끝이 없다. 공부에는 두 가지 자세가 필요하다.

(1) 지식을 축적한다.

내 사업을 위해 필요하다고 판단되는 지식은 무엇이든지 흡수한다. 탐욕스럽게 일단 흡수하고 본다. 지식을 축적하다보면 사회의 움직임에 민감해진다. 신문을 볼 때 경제 기사만이 아니라 과학, 생활, 패션, 국방과 육아에 이르기까지 거의 모든 내용을 살펴본다.

(2) 지식을 활용한다.

내 사업에 당장 써먹을 만한 내용이 있다면 즉시 활용한다.

시장에서 좌판을 하나 깔아도 공부가 필요하고 포장마차를 하더라도 공부가 필요하다. 공부는 어느 날 시간을 내어 몰아치기로 하는 게 아니다. 매일매일 같은 작업을 반복하면서 조금씩 지속해야 한다. 사업에 어떤 공부가 반드시 필요하다고 꼭 집어내긴 어렵다. 사업에는 온갖 종류의 지식이 다 필요하기 때문이다. 상품에 관한 지식만이 아니다. 사무실을 얻으려면 부동산 지식이 필요하고 세무서에 결산서를 제출하려면 세무 지식이 필요하다. 거래처와 계약하려면 계약서를 만들 지식도 필요하다.

사업 초기에는 여유가 없지만 사업이 안정되면 공부의 폭을 넓히고 깊이를 깊게 하려는 사람이 많다. 이들은 대학의 비학위 과정에 입학하거나 혹은 학위 과정에 진학한다.

비학위 과정이란 단위를 다 이수하더라도 박사나 석사 같은 학위는 수여받지 못하는 교육 과정이다. 많은 대학에서 하고 있는 최고위 과정도 비학위 과정이다. 비학위 과정은 특정한 기술 분야를 주제로 개설되기도 한다. 기간도 비교적 짧은 편인데, 3개월짜리도 있고 6개월짜리도 있다. 비학위 과정에 입학하면 새로운 사람을 만나고 친선을 도모하기는 좋지만 비용이 비싸다는 단점이 있다.

학위과정이란 야간 대학이나 주말 대학원에 진학해서 학위를 따는 방법이다. 직장생활을 하면서 동시에 학위를 딸 수 있기 때문에 월급쟁이에게는 가장 쉬운 방법이다. 내 사업을 하는 사람 중에도 진학하는 사람이 있으나 누구에게나 권하기는 어렵다.

이외에도 세미나에 참석하거나 이업종 교류회에 참석하여 다양한 사람의 의견을 듣기도 한다. 한 분야에서만 일을 오래 하다 보면 다른 업종은 어떻게 돌아가는지 전혀 모른다. 편협한 시야를 가지면 내 사업에 불리하므로 의도적으로 이업종의 이야기를 듣는다.

외국으로 이민 가서 살면서 내 사업을 하고 싶어 하는 사람도 있다. 이런 사람은 그 나라로 단기 유학을 가는 게 가장 현명한 출발점이다. 그 나라에 아는 사람이 있다거나 친척이 있다고 해서 지인에게 의존하는 건 위험하다. 차라리 내 사업을 하고 싶은 나라의 전문학교나 단기 과정으로 유학 가는 걸 권한다. 예를 들어 안경 기술학원이나 소믈리에 양성 과정의 유학 기간은 1년 이하다. 3개월짜리 과정이 있다면 이것도 좋다.

유학하면 비용이 발생하지만, 이 비용은 투자라고 생각한다. 단기 유학을 하면 장점이 있다. 짧은 시간 안에 아는 현지인이 많이 생기고 현지의 사업 환경을 체계적으로 이해할 수 있다. 학교를 다니고 졸업장을 받으면 동창생도 생긴다. 만약 내 사업을 시작하고 어려움에 처하게 된다면 학교나 동창회에 도움을 청할 수도 있다. 현지 사람을 소개받기도 쉽다. 유학하는 학교의 수준은 크게 중요하지 않다. 더욱 중요한 기준은 국가다. 내 사업을 하고 싶은 국가나 혹은 내 사업에 직접 도움이 되는 국가를 선정해야 한다.

내 사업은 국내에서 할 예정이지만 사업에 필요하기 때문에 준비 과정으로 외국 유학을 가는 사람도 있다. 내 사업 아이템이 만약 외국에서 수입하여 판매하는 상품이라면 아예 그 나라로 유학을 가서 네트워크를 만들려는 목적일 수도 있다. 현지 기업도 사귀고 물류 시스템도 확인한다. 내 사업을 시작하면 즉시 수입이 가능하도록 준비하기 위한 유학이다.

우리나라 직장인들 사이에 외국 경영학 석사 학위인 MBA를 취득하러 가는 붐이 일은 적도 있다. 석사 학위를 취득한 후에 현지에서 취직하는 사람도 있고 국내로 돌아오는 사람도 있다. 월급쟁이가 직장을 그만두고 외국 유학을 가는 건 많은 사람에게는 현실적으로 불가능에 가깝다. 가장 먼저 걱정되는 게 돈이다. 만약 직장을 그만두고 2년 이상 유학을 간다면 수입이 끊기는 상황에서 학비와 생활비로 큰돈을 써야 한다. 이 돈을 다 합하면 수억 원의 기회 손실이 발생할 수 있다. 유학을 갈 수 없는 이유를 찾아보면 너무나 많지만 그렇다고 해서 할 수 없다고 미리 포기할 필요는 없다.

월급쟁이가 직장을 그만두고 유학을 떠난다면 본인으로서는 인생을 걸고 내린 큰 결단이다. 버리지 못하면 얻지도 못한다. 지금 손에 쥐고 있는 걸 모두 버리는 용기가 없으면 유학은커녕 직장을 옮기지도 못하고 내 사업을 하지도 못한다. 만약 내 사업을 위해서 유학을 간다면 내 사업에 어떻게 활용할 계획인지 처음부터 철저하게 궁리해야 한다. 단순히 지적 호기심을 채우기 위해 유학을 가는 건 리스크가 너무 크다.

어떤 방식이든 내 사업을 위한 공부는 모두 수단이 되어야 한다. 내 사업에 직접 도움이 되어야 한다. 나는 일본의 비학위과정에서 몇 번인가 강의한 경험이 있다. 수강생은 모두 기업의 중견간부들이었다. 강의를 주관하는 기관에서는 나에게 요구조건을 붙였다. 수강생들이 오늘 강의에서 들은 내용을 내일 당장 업무에 써먹을 수 있도록 적어도 한 가지의 기술은 가르쳐야 한다는 조건이다. 공부를 철저하게 수단으로 사용할 수 있어야 한다는 의미다.

내 사업의 브랜드는 바로 나 자신이다

(1) 외모는 고객에게 보내는 메시지다.

내 사업의 가장 확실한 브랜드는 바로 나 자신이다. 사업 아이템에 어울리는 외모 역시 나만의 브랜드를 만드는 요소이다. 내 사업을 하려면 외모부터 사업에 가장 잘 어울리게 바꾸어야 한다. 사람의 인상은 외모가 90퍼센트다. 내 사업 아이템에 어울리는 외모도 공부해야 한다. 앞서 직장인이 공부를 계속하려면 눈에 보이는 성과가 있어야 한다고 말했다. 그런 점에서 매일 성과가 눈에 보이는 공부가 바로 자신의 외모에 대한 공부다. 내 사업을 하려면 어떤 외모를 해야 할지도 공부가 필요하다고 말하면 의문을 가지고 반문하는 사람이 있을지 모르겠다. 그러나 내 사업을 하게 되면 외모는 고객에게 보내는 나의 메시지가 된다.

외모는 내 사업의 경쟁력이다. 사소한 습관만 들여도 외모를 바꿀 수 있다. 나는 아침에 출근하면 반듯한 자세로 서서 웃는 얼굴로 사진을 찍는다. 아침 일찍부터 무슨 좋은 일이 있어서 웃는 게 아니라 오늘 하루도 좋은 일이 생기기를 바란다는 의미에서 활짝 웃는다. 내가 웃는 모습은 가장 먼저 나 자신에게 좋은 영향을 준다. 웃으면 복이 온다. 얼굴은 웃고 자세는 반듯하다면 외모는 충분히 좋아 보인다. 좋은 자세가 나오려면 건강해야 한다. 내 사업을 하려면 몸이 재산이다. 허약한 사람과는 아무도 거래하고 싶어 하지 않는다. 나이보다 젊어 보이는 외모도 중요하지만 건강하게 보이는 외모가 더욱 중요하다. 사업은 머리로 한다고 하지만 사실, 실전은 체력전이다.

(2) 내 사업에 어울리는 복장을 한다.

주변에 옷을 잘 입는 사람이 있다 해도 이 사람의 복장을 그대로 따라 하면 안 된다. 하고 싶은 사업 아이템에 어울리는 이미지를 갖춰야 한다. 사업을 하면 매일 누군가를 만나게 된다. 당연히 복장과 외모를 깔끔하고 청결하게 해야 한다. 어떤 옷을 입을지는 어떤 사업을 하느냐에 달렸다. 만약 산악 가이드라면 등산복을 입어야 하고 요리사라면 요리사 복장을 해야 한다. IT업계라면 정장 차림에 넥타이를 매고 있으면 왠지 어울리지 않는다. 티셔츠에 청바지가 기본이다. 김치찌개를 파는 식당에서 종업원이 한복이나 드레스를 입고 있으면 위화감이 느껴진다. 이렇듯 내 사업에 어울리는 복장이 따로 있다. 내 사업에 어울리는 복장은 가장 먼저 나 자신에게 영향을 준다. 내실을 다지는 게 중요하다고 말하지만 그렇다고 겉모습은 아무래도 좋다는 뜻은 아니다. 내실은 겉모습에 의해 강화된다.

내 사업에서 복장은 그 자체로 전략이 된다. 스티브 잡스의 검은색 터틀넥은 연구에서 나온 전략이다. 취급하는 상품이 내 사업의 콘텐츠라면 복장은 콘텐츠를 받쳐주는 콘텍스트다. 콘텐츠와 콘텍스트가 함께 어우러지면 강력한 상품이 된다.

3
내 사업은
살아남아야 한다

어디에나 텃세는 있으니 버티고 이겨내야 한다

어느 조직이든 새롭게 들어간 사람은 텃세를 경험하게 된다. 텃
세란 기득권을 노골적으로 나타내는 행동이다. '여기서는 내가
1등'이라는 의식이 밖으로 새어 나온 결과가 바로 텃세다. 나 역
시 내 사업을 하면서 텃세를 경험했다.

　　대학원을 졸업하고 우리 회사에 입사한 직원이 있었다. 아
직 혼자서 상품을 개발할 정도의 실력은 없었지만 나름대로는
회사 업무에 충실하려고 노력하는 직원이었다. 그런데 업무 팀
장과 사이가 좋지 않아 자발적으로 회사를 그만두었다. 퇴사하

고 두 달쯤 지난 무렵에 다시 입사하고 싶다는 연락이 왔다. 한 번 제 발로 나간 직원을 다시 받아들이기는 좀 어색하다. 더 큰 걱정도 있다. 직원들 간의 불화다. 다른 직원과 제대로 어울리지 못한다는 이유로 사직한 사람이 다시 입사하면 직원들의 결속에는 아무 문제가 없을까?

나는 이 사람의 재입사를 직원들에게 완전히 맡겼다. 재입사를 위한 면접 날이 왔다. 직원들이 빙 둘러 앉아 있고 그 앞에 재입사를 원하는 사람이 앉았다. 직원들은 연속해서 질문을 한다. 왜 사직했으며 왜 재입사를 원하는지에 관한 질문이 주를 이룬다. 재입사를 원하는 사람은 이전과는 딴 사람이 되어 있었다. 직원들의 질문에 성실하고 차분하게 대답한다. 재입사를 원하는 마음이 그토록 절실했기 때문이다. 면접을 마친 다음 직원회의에서 재입사 여부를 정하기로 했다. 결과는 재입사 거부였다. 이유는 분명했다. 인간관계에 한 번 금이 가면 다시 붙이기 어렵다는 이유다. 나도 여기에 동의했다.

누가 더 잘났고 누가 더 못나서 직원들끼리 모여 재입사를 의논했던 게 아니다. 이곳에 자리를 잡은 기득권과 새롭게 이곳으로 들어오려는 신흥 세력 사이의 알력이다. 이런 상황은 사업에도 많이 볼 수 있다.

누군가 이미 사업을 하고 있는 시장에 진출한다면 분명 텃세를 경험하게 된다. 이런 상황에서 처음부터 1등 하기는 어렵다. 하지만 완전 새로운 시장이라서 기존의 사업자가 아무도 없고 자신이 유일한 사업자라면 그날부터 1등이다. 만약 이 시장에 새로운 기업이 진출해 1등 자리를 위협한다면 나 역시 텃세를 부리는 입장이 될 것이다.

일단 내 사업을 시작하면 어떻게든 살아남아야 한다

사업은 실패할 확률이 높다. 통계청이 조사한 2015년 신생기업 생존율을 보면 더 명확해진다. 산업별 1년 생존율은 62.7퍼센트다. 생존율이 낮은 하위 업종을 살펴보면 금융·보험업 50.1퍼센트, 예술·스포츠·여가 58.2퍼센트, 서비스업 57.4퍼센트이다. 생존율 50퍼센트라면 설립한 지 1년이 지나기도 전에 절반이 사라져버린다는 말이다. 산업별 5년 생존율은 27.5퍼센트에 불과하다. 설립한지 5년 후에 보니 여전히 생존해 있는 기업은 10개 중 3개 이하다. 7개 이상은 사라졌다. 숙박·음식점업은 생존율이 17.9퍼센트에 불과했다. 숙박업과 음식점업으로 1,000곳이 개업했다면 5년 후까지 살아남은 곳은 179곳이다. 숙박·음식점업은 우리나라에서 가장 쉽게 만들고 가장 쉽게 사라지는 업종이라 할 만하다.

기업 수명이 생각보다 짧다는 사실은 우리나라만의 문제는 아니다. 글로벌 신용평가사 스탠더드앤드푸어스S&P에 따르면, 세계 500대 기업의 평균 수명은 1950년대 45년이었으나 2015년에는 15년으로 짧아졌다고 한다. 설립 후 10년을 버티기도 어려운 현실에서 어떻게 하면 오랫동안 살아남을 수 있었을까? 그 힌트를 일본 기업에서 찾을 수 있다. 장수 기업이 세계에서 가장 많은 국가가 일본이다.

일본에는 창업한 지 100년이 지난 기업이 22,000개 이상 있다. 이들 기업의 규모를 보면 대부분이 중소기업이며 직원 20인 이하가 70퍼센트다. 상장 기업은 347개로 전체의 1.6퍼센트에 불과하다. 업종별로 보면 소매업이 전체의 28.3퍼센트를 차지하는데 특히 전통주나 옷감을 파는 소매업이 많다. 대한무역투자진흥공사KOTRA의 자료에 따르면, 일본 기업의 생존 비결은 의외로 간단하다. 직원을 소중히 여기고 장인 정신을 가지며 장기적인 비전을 가지고 경영한다. 단기적인 이익을 너무 추구하면 반드시 무리하게 되는데 이들 기업은 미래를 장기적으로 바라보기 때문에 경영 원칙을 지킬 수 있다.

'운칠기삼'이라고 말하지만 '기삼'이 먼저다

'언젠가는 내 사업'에 대해 가르치는 수업이 있다면 이 수업의 마지막 시간은 이렇게 끝나야 한다.

"사업이 성공할지 실패할지는 운에 달려 있습니다."

운칠기삼運七技三이라고 한다. 운이 70퍼센트고 기술이나 노력은 30퍼센트라는 뜻인데 운이 따라주지 않으면 내 사업은 성공하기 어렵다는 말이다. 내 사업을 해본 사람이라면 어느 정도 수긍하는 표현이다.

만약 내 사업에 단 한 번만 운을 사용할 수 있다면 나는 그 운을 직원을 채용할 때 쓰고 싶다. 사업을 성공시키려면 다른 사람의 도움이 절대적으로 필요하지만 그중에서도 가장 필요한 건 직원의 도움이기 때문이다. 직원들이 즐겁게 일하는 직장이라면 내 사업의 절반은 성공한 셈이다. 좋은 직원을 만나는 일이야말로 나의 운이고 회사의 운이다.

현실적으로는 사업 성공이 실력 탓인지 운 탓인지 구분하기 애매한 경우가 많다. 다음은 오츠카 제약에서 음료수 포카리스웨트를 개발했을 당시의 일화다. 회사에서 전 직원을 모아놓고 시음회를 열었다. 직원들은 음료수 맛을 보더니 다 인상을 찌푸렸다. 맛이 없다는 의미다. 그러나 경영자는 시판을 강행하고 결과적으로 큰 성공을 거두었다. 맛이 없다는 건 실제로 맛이 없다는 의미가 아니라 처음 먹어보는 맛이라는 의미일 수 있다. 이 사례를 보면서 운이 좋았다는 사람이 있다. 건강 붐이 일어나면서 이온 음료에 대한 수요가 크게 늘어났는데, 이때 이 음료를 출시

하면서 시기가 잘 맞았기 때문이다. 실력이 좋았다는 사람도 있다. 이온 음료는 아무 기업이나 만들지 못하는데 이 기업은 오랫동안 관련 상품을 개발하면서 실력을 쌓았기 때문에 가능했다는 거다.

내 사업을 하다보면 실력으로 승부할 때도 있고 운이 좋게 어려움을 극복할 때도 있다. 그러다보니 사업을 실력이라고 믿는 사람도 있고 운이라고 믿는 사람도 있다. 운도 실력이라고 주장하는 사람도 있다. 여러 경영자들의 이야기를 들어보아도 실력으로 성공했다는 사람도 있고 운이 좋아서 성공했다는 사람도 있다. 실제로 실력이 중요한지 운이 중요한지는 모르겠다. 적어도 한 가지는 분명하다. 사업이 성공할지 실패할지 그 결과는 알수 없지만 사업하는 과정은 스스로 제어할 수 있어야 한다는 사실이다. 그렇다면 이렇게 말할 수 있겠다.

"실력을 쌓는 작업이 먼저다."

사업은 마치 허들 경기와 같다. 조금 가면 곧 허들이 나타난다. 허들을 무사히 넘었다고 좋아할 틈도 없이 또 다른 허들이 나타난다. 육상 경기에서 사용하는 허들은 정해진 거리마다 나타난다. 간격이 일정하고 허들의 높이가 같다. 그래서 실력만 있다면 미리 계획을 세울 수 있다. 하지만 사업에서 나타나는 허들은 불규칙하다. 간격도 다양하고 높이도 항상 다르다. 크기는 점점 더 커진다. 사정이 이러하니 미리 계획을 세운다고 해도 완벽하게 대처할 수가 없다. 육상 경기의 허들은 실력으로 넘지만 사업의 허들은 실력만으로는 넘기 어렵다. 운이 필요하다. 내 사업을 하는데 실력도 없고 운도 없으면 허들을 넘지 못하여 도산하거나 큰 위험에 처한다. 스스로 제어할 수 있는 요소는 결과가 아니라 과정이다. 실력일까 운일까 따지기 전에 과정을 제어할 수 있어야 한다. 이때 필요한 건 실력이다.

'운칠'은 나의 운이 아니라 주변의 도움이다

독일에 출장 간 어느 날, 나는 동료들과 함께 맥주를 곁들여 저녁 식사를 하고 자리에서 일어났다. 그런데 가방이 보이지 않았다. 식당 테이블 아래에 놔두었던 서류 가방이 없어졌다. 독일에서 열리는 전시회에서 우리 회사 상품을 전시하고 호텔로 귀가하는 길이었다. 상품은 데이터를 여러 가지 모양의 그래프로 그려주는 데이터 가시화 소프트웨어였다. 나는 식당 지배인의 도움을 받아 온 식당을 다 뒤졌다. 식당에는 테이블이 서른여 개 있었는데 전시회에 참가한 기업의 직원이 대다수였다. 다들 가방을 테이블 아래에 놔두었다. 내 가방과 비슷하게 생긴 가방도 많았지만, 그중에 내 가방은 없었다.

몇 분 후 경찰 두 명이 식당에 왔다. 나는 자초지종을 이야기하고 피해 사실을 신고했다. 피해 금액이 얼마나 되느냐는 질문에 나는 할 말을 잃었다. 가방에는 노트북이 들어 있었다. 노트북에는 이번 전시회를 목표로 열심히 개발했던 소프트웨어 상품의 소스 코드가 들어 있었다. 몇 년 동안 열심히 만든 상품의 소스 코드를 도난당했다. 소스 코드란 상품의 설계도와 같은 거다. 소스 코드만 있으면 누구든지 우리 상품을 복사할 수 있고 우리 상품을 변형해서 자신의 상품을 만드는 데 사용할 수도 있다.

다음 날 전시장으로 가서 어제와 다름없이 방문객을 맞았다. 우리 부스를 찾아온 방문객에게 상품을 설명하고 특징을 자랑했다. 그렇지만 마음은 이미 지옥이었다. 소스 코드를 훔쳐 간 사람은 똑같은 상품을 몇 시간 내에 만들 수 있다. 그렇다면 이제 어떻게 해야 할까? 전혀 다른 개념의 상품을 만들어야 하나? 지금까지 몇 년 동안 개발해서 여기까지 왔는데 지금부터 다시 전혀 새로운 상품을 개발해야 한다고 생각하니 직원들 얼굴 볼 면목이 없었다. 저녁도 먹지 않고 호텔 방으로 가서 일찍 잠자리에 들었다. 가방을 도난당하고 하루가 지나니 어느 정도 체념하게 되었다. 기왕 도난당한 건 어쩔 수 없었다.

다음 날 아침, 전시회장으로 가려는데 호텔 프론트에서 긴급하게 나를 찾았다. 프론트에 가니 메모를 한 장 건네줬는데 주소가 적혀 있었다. 다른 지역의 경찰서인데 여기에서 내 가방을 보관하고 있다고 했다. 나는 급히 기차역으로 갔다. 기차를 타고

30분 정도 달려 주소지에 적힌 작은 경찰서에 도착했다. 안내 데스크에 있던 경찰관은 나를 보더니 아무 말도 하지 않고 안으로 들어가서는 가방을 하나 가지고 나왔다. 내 가방이 맞았다. 나는 얼른 가방을 받아 열어보았다. 노트북이 있었다. 전화기도 있고 수첩도 있다. 나는 순간 혼란스러웠다. 다 있는데 그럼 뭐가 없어진 거지? 그러고 보니 작은 카메라가 없었다. 전시회에서 틈틈이 사진을 찍었던 작은 카메라가 없어졌다. 경찰관이 다가오더니 자초지종을 설명한다.

내가 머문 호텔 근처 역에서 출발해서 이 마을을 지나가는 기차를 타고 통근하는 사람들이 많다고 했다. 내가 가방을 도난당한 날 저녁에 퇴근하던 회사원이 가방을 발견해서 경찰서에 가지고 왔다. 가방은 열차 화장실에 거꾸로 처박혀 있었으며 내용물이 거의 다 밖으로 나와 있었다고 한다. 회사원은 도난품이라는 의심이 들어 열차 승무원에게 말하고 가방을 경찰서까지 가지고 와서 신고했다. 경찰서에서는 가방의 주인공을 찾기 위해서 접수된 도난 신고가 있는지 찾아보았다. 그리고 가방 도난 신고자인 내 이름과 투숙한 호텔을 찾아서 오늘 아침에 연락한 것이다. 마치 한 편의 드라마를 보는 느낌이었다.

경찰관에게 감사의 인사를 하고 호텔로 돌아오는 기차 안에서 나는 기쁨보다 더 큰 무게의 압박을 느끼면서 각오를 다졌다. 가방을 찾은 건 정말 기뻤다. 기적이라 불러도 좋다. 하지만 가방을 도난당하는 과정에서 내가 너무 무방비였다는 사실에 강한 압박을 느꼈다. 사람이 많이 모인 자리에 가방을 가지고 간 게 잘못이었다. 아무리 시간이 없더라도 평소에 하던 대로 호텔 방에 가방을 놔두고 식사하러 갔어야 했다. 아니다. 식사하러 가는 행동에는 아무 문제가 없다. 문제가 있다면 노트북이다. 그렇게 중요한 소스코드를 왜 노트북에 보관했을까? 특히 해외의 전시회에 오면서 소스코드를 노트북에 담아 오다니 도저히 이해할 수 없었다.

도난당했다는 결과는 도난당할 때까지의 과정에 많은 문제가 있었다는 사실을 일깨워주었다.

가방 도난 사건은 사업의 운에 대해 생각하는 계기가 되었다. 사업에는 운이 필요하다고 한다. 나는 이 사건을 나의 운이라고 해석했었다. 하지만 다시 생각해보니 그렇지 않았다. 나의 운이 아니라 주변의 도움이었다. 내 사업은 나 혼자서 하는 게 아니다. 파트너, 직원, 고객이 나를 돕고 서로 돕지 않으면 내 사업은 아무것도 이루지 못한다. 사업을 오래하고 성공한 사람은 주변 사람에게 겸손하다. 그 이유가 바로 여기에 있다. 주변의 도움이 있어야만 내 사업을 할 수 있다는 사실을 절실하게 느끼기 때문이다.

월급보다 내 사업

펴낸날 초판 1쇄 2018년 12월 12일
　　　초판 3쇄 2020년 5월 1일

지은이 윤태성
펴낸이 김현태

펴낸곳 해의 시간
주소 서울시 마포구 잔다리로 62-1, 3층(04031)
전화 02-704-1251(영업부), 02-3273-1333(편집부)
팩스 02-719-1258
이메일 bkworld11@gmail.com
광고·제휴 문의 bkworldpub@naver.com

홈페이지 chaeksesang.com **페이스북** /chaeksesang
트위터 @chaeksesang **인스타그램** @chaeksesang **네이버포스트** bkworldpub
등록 1975. 5. 21. 제1-517호

ISBN 979-11-5931-323-3 13320

- 책값은 뒤표지에 있습니다.
- 잘못되거나 파손된 책은 구입하신 서점에서 교환해드립니다.

이 도서의 국립중앙도서관 출판시도서목록(CIP)은 서지정보유통지원시스템 홈페이지
(http://seoji.nl.go.kr)와 국가자료공동목록시스템(http://www.nl.go.kr/kolisnet)에서
이용하실 수 있습니다.(CIP제어번호 : CIP2018038407)